KB200849

에픽 바이블

에픽 바이블

초판 1쇄 발행	2022년 4월 28일
지은이	킹스톤 미디어 그룹
옮긴이	유정희
펴낸이	여진구
책임편집	안수경 김도연
책임디자인	노지현 마영애
해외저작권	진효지
펴낸곳	규장

주소 06770 서울시 서초구 매헌로 16길 20(양재2동) 규장선교센터
전화 02)578-0003 **팩스** 02)578-7332
이메일 kyujang0691@gmail.com **홈페이지** www.kyujang.com
페이스북 facebook.com/kyujangbook **인스타그램** instagram.com/kyujang_com
카카오스토리 story.kakao.com/kyujangbook
등록일 1978.8.14. 제1-22

책값 뒤표지에 있습니다.
ISBN 979-11-6504-314-8 03230

규 | 장 | 수 | 칙

1. 기도로 기획하고 기도로 제작한다.
2. 오직 그리스도의 성품을 사모하는 독자가 원하고 필요로 하는 책만을 출판한다.
3. 한 활자 한 문장에 온 정성을 쏟는다.
4. 성실과 정확을 생명으로 삼고 일한다.
5. 긍정적이며 적극적인 신앙과 신행일치에의 안내자의 사명을 다한다.
6. 충고와 조언을 항상 감사로 경청한다.
7. 지상목표는 문서선교에 있다.

하나님을 사랑하는 자 곧 그의 뜻대로 부르심을 입은 자들에게는 모든 것이 合力하여 善을 이루느니라(롬 8:28)

규장은 문서를 통해 복음전파와 신앙교육에 주력하는 국제적 출판사들의
협의체인 복음주의출판협회(E.C.P.A:Evangelical Christian Publishers
Association)의 출판정신에 동참하는 회원(Associate Member)입니다.

THE EPIC BIBLE

에픽 바이블

킹스톤 미디어 그룹

규장

발행인의 글

21세기 시대 문화의 변화에 따라 글보다는 그림과 영상이 더 친숙한 세대가 점점 더 많아지고 있습니다. 어릴 때부터 글과 멀어진 세대의 아이들은 성경을 텍스트(text)로 읽는 것에 많은 어려움을 느낍니다. 재미도 없고 무슨 내용인지 잘 이해하지 못합니다. 초등학생 이상 청소년들도 예외는 아닙니다. 그렇더라도 오늘 그리고 지금, 다음 세대들이 성경과 멀어지는 것을 바라만 볼 수는 없었습니다.

게임, 영화 영상에 익숙한 그들에게는 그들이 익숙한 매체로 성경을 접할 수 있는 더 많은 방법과 기회가 제공되어야 한다고 생각합니다. 그 매체로 만화 성경이 있지만 만화 성경은 시중에 이미 많이 나와 있다는 아쉬움이 있습니다. 하지만 그중 미국 틴데일 출판사에서 발간한 《에픽 바이블》(The Epic Bible, 2020)은 명확한 특징을 가진 최신 만화 성경이라 흥미로웠습니다. 흔히 21세기 문화의 중심에 마블 시리즈 영화와 만화가 있다고 말하는데, 《에픽 바이블》은 실제 마블 코믹스 최고의 만화 작가들이 직접 작업에 참여했고, 그만큼 강렬하고 역동적인 그림체가 눈에 띕니다. 지루하지 않고 긴장감 넘치는 영화를 보는 것처럼 성경이 한눈에 다가옵니다.

그뿐만 아니라 창세기부터 요한계시록까지 총 169개의 성경 대서사를 담아내고 있으며, 랜디 알콘(Randy Alcorn)을 비롯한 명성 있는 작가들이 쉽고 정확하게 성경(영어성경 NLT)을 각색하여 성경의 주요 인물과 사건에 대한 이해와 전달력을 높여주었습니다. 또 각 페이지 하단에 해당 성경 구절을 각주처럼 표기해두어 실제로 성경을 찾아보기 쉽습니다. 성경에 설명되어 있지 않은 신구약 중간시대까지 만화로 잘 표현해주고 있습니다.

《에픽 바이블》은 어린이들만의 성경이 아닙니다. 성경을 좀 더 쉽고 친근하게 접하기 원하는 청소년을 비롯한 MZ세대, 성경이 어려운 새신자에게도 분명히 성경과 친밀해지는 데 도움을 줄 것입니다. 한번 펼치면 중간에 덮을 수 없을 정도로 흥미진진한 《에픽 바이블》을 통해 만들어진 영웅이 아닌 지금도 살아 계시는 하나님, 진정한 슈퍼히어로이신 하나님을 만나기 바라고, 성경, 하나님의 말씀을 더 가까이하게 되는 새로운 계기가 되기를 간절히 바랍니다.

서문

성경은 하나님의 이야기다. 또한 모든 인류와 그들의 선하고 악한 행위들의 이야기이기도 하다. 성경은 하나님이 누구시며 그분이 우리를 어떤 존재로 창조하셨는지를 보여주기 때문에 매우 중요한 책이다. 성경을 통해 우리는 하나님이 그분을 따르는 자들을 위해 행하신 일과 현재와 미래의 세상을 위한 그분의 계획들을 배운다.

《에픽 바이블》은 실제적이고 참된 하나님의 말씀에 관한 이야기를 연재 형식으로 들려주려고 만화로 각색한 성경이다. 어떤 성경 구절이나 이야기와 직접 관련이 있는 참조 구절들이 각 페이지 맨 아래에 나와 있으며, 이야기와 대화는 성경(영어성경 Holy Bible, New Living Translation)을 충실히 따르고 있다. 우리는 이 만화를 읽는 모든 독자들에게 스스로 완전한 성경을 읽기를 강력히 권한다. 하나님은 우리에게 많은 것을 가르쳐주려 하신다!

이 각색은 독자들에게 성경의 주요 주제들과 맥락들을 소개하려 한다. 이야기는 하나님이 말씀으로 만물을 창조하실 때 시작되며, 그것은 아담과 하와의 후손들이 창조주와의 훼손된 관계를 바로잡기 위해 애쓰는 이야기들로 이어진다. 그 후 하나님은 아브라함과 그의 가족을 부르시고 그들을 통해 온 세상을 구원하려 하신다. 모세의 이야기에서, 하나님의 백성들은 하나님이 그들의 후손들에게 주기로 약속하신 땅으로 나아가며, 거기서 하나님은 백성들에게 그분과의 언약 속에서 살아가는 법을 보여주기 위해 율법을 계시해주신다.

하나님은 백성들을 약속의 땅으로 이끄시고 이스라엘을 큰 나라로 세워주신다. 그러나 모세와 선지자들이 경고했듯이, 백성들이 살아 계신 하나님을 외면하고 죄를 범하자 재앙이 닥친다. 백성들의 불순종과 부정한 통치자들로 인해 그들은 바벨론의 포로로 잡혀가게 된다. 그리고 결국 그들은 본국으로 돌아와 성전과 성을 재건한다. 이 모든 일 후에 400년의 침묵기가 오고, 그 뒤에 메시아가 이스라엘 백성들과 세상에 모습을 드러내신다.

예수님의 탄생과 삶, 죽음, 부활에서 나타나듯이, 하나님은 우리 모두를 구원하기 위해 인간의 몸으로 세상에 오셨다. 부활하신 예수님은 제자들에게 더 많은 제자들을 세우라고 말씀하시고, 성령이 그리스도를 따르는 자들에게 능력을 주셔서 온 세상에 주님의 메시지를 전하게 하시자 교회가 탄생한다. 그리스도는 사도 바울을 택하셔서 이방인들(비유대인들)에게 복음을 전하게 하신다. 바울의 서신들과 다른 교회 지도자들은 예수님이 제자들에게 어떤 삶을 살기 원하시는지를 가르쳐준다. 성경의 마지막 책, 요한계시록은 예수님이 영원한 그분의 왕국을 세우실 때 영광스러운 재림으로 이 죄악된 세상의 어두움과 혼란이 패할 것임을 보여준다.

우리는 새로운 방식으로 이 이야기를 여러분과 나눌 생각에 몹시 흥분되고 기대된다! 하나님께서 여러분에게 강력하게 말씀해주시고 이 책 속에서 그분의 사랑과 신실하심을 여러분에게 보여주시기를 기도한다.

전 세계의 수많은 사람들이
이 책을 믿고 있습니다.

그들은 성경이 하나님의 본성,
인간의 본성, 그리고 하나님과
인간 사이의 관계의 본성을
드러낸다고 믿습니다.

어떤 이들은 이 책이
다 꾸며낸 이야기들과
미신들로 가득하다고
믿기도 합니다.

바보들만 믿으려
애쓰는 신화라고.

그리고 어떤 이들은
그 중간 즈음에 있습니다.
성경은 좋은 이야기들과
좋은 충고가 담긴 좋은
책이라고 생각합니다.

단순히 신기한 책만은
아니지만, 거룩한 성서에는
못 미친다는 것이죠.

성경의 역사적 사실성을
판단하는 데 있어, 생각해봐야 할
많은 질문들이 있습니다.

성경의
영적 진리에 관한 문제,

예를 들면, 누가가
자기 책의 역사적, 지리학적
세부사항들을 정확하게
기록하려고 신경을 썼다면,

즉 성경의 모든 부분이
영감을 받은 하나님의 작품인지,
일부분은 역사적 사실인지,
또는 그 어느 것도
사실이 아닌지

이것은 개인이
판단할 문제입니다.

왜 자기 책에서
자세한 전기적 사실들에
대해 과장하거나 거짓말을
함으로써 신뢰성을 잃는
위험을 감수하려
했을까요?

이것은 성경의 역사성을 다루는
질문이지만, 고고학을 통해
밝혀질 수 없는 것입니다.

태초에, 시간이 창조되기도 전에,
하나님이 계셨다.

하나님은 세 인격으로 존재하신다.
그들은 동등하고 영원히
공존하시되 한 존재이시다.

하나님은 외롭지 않으셨다.
조화로운 사랑 안에서
자기 자신과 교제를 나누셨다.

그리고 하나님은 하늘과 땅을
창조하셨다.

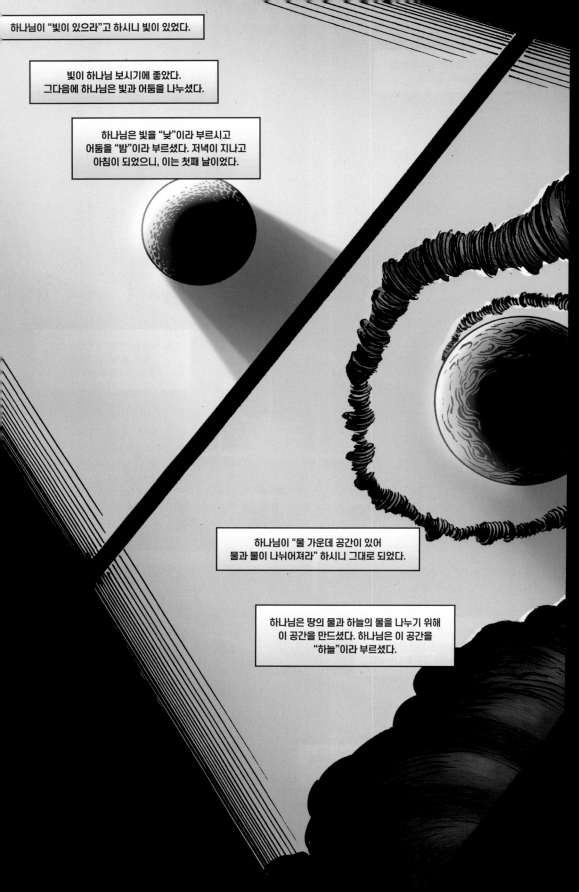

하나님이 "빛이 있으라"고 하시니 빛이 있었다.

빛이 하나님 보시기에 좋았다.
그다음에 하나님은 빛과 어둠을 나누셨다.

하나님은 빛을 "낮"이라 부르시고
어둠을 "밤"이라 부르셨다. 저녁이 지나고
아침이 되었으니, 이는 첫째 날이었다.

하나님이 "물 가운데 공간이 있어
물과 물이 나뉘어져라" 하시니 그대로 되었다.

하나님은 땅의 물과 하늘의 물을 나누기 위해
이 공간을 만드셨다. 하나님은 이 공간을
"하늘"이라 부르셨다.

저녁이 지나고 아침이 되니,
이는 둘째 날이었다.

하나님이 "천하의 물이 한 곳으로 모여,
마른 땅이 드러나라"고 하셨다.

그랬더니 그대로 되었다. 하나님은 그 마른 땅을
"땅"이라 부르시고 모인 물을 "바다"라 부르셨다.

그것은 하나님이
보시기에 좋았다.

그다음에 하나님은 "땅에는 식물이,
즉 각종 씨앗을 가진 채소, 그리고 씨앗을 가진
열매가 자라는 나무들이 자라나라"고
말씀하셨고, 그대로 되었다.

땅에 식물이 자라났다. 즉 각종 씨앗을 가진 식물들,
씨앗을 가진 열매를 맺는 나무들이 자랐다.

그것은 하나님 보시기에 좋았다.

저녁이 지나고 아침이 되니
이는 셋째 날이었다.

창조의 넷째 날, 하나님은 해와 달과 별들을,
즉 광대한 우주를 만드셨다.

하나님은 "하늘에 빛들이 나타나 낮과 밤을 나누게 하여라.
그것들이 계절과 날과 해를 나타내는 징조가 되게 하라.
하늘의 이 빛들이 땅을 비추게 하라"고 말씀하셨다.

그리고 그대로 되었다. 하나님은 두 개의 큰 빛을 만드셨다.
더 큰 빛은 낮을 주관하고 더 작은 빛은 밤을 주관하는 것이다.
하나님은 또한 별들을 만드셨다.

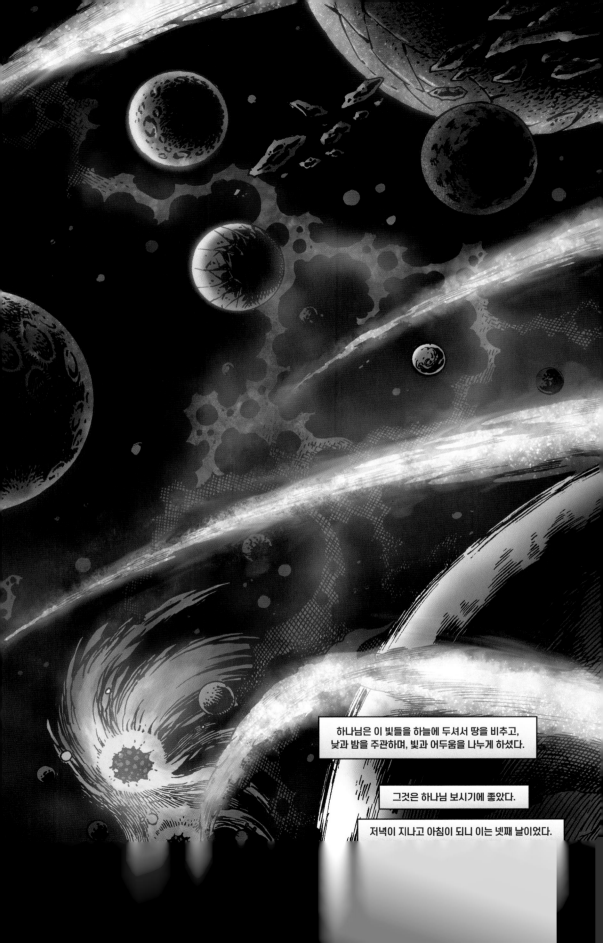

하나님은 이 빛들을 하늘에 두셔서 땅을 비추고,
낮과 밤을 주관하며, 빛과 어두움을 나누게 하셨다.

그것은 하나님 보시기에 좋았다.

저녁이 지나고 아침이 되니 이는 넷째 날이었다.

창조의 다섯째 날, 하나님은 살아 있는
피조물들로 바다와 하늘을 가득 채우셨다.

하나님은 "물에는 물고기와 다른 생물들이
가득해져라. 하늘에는 각종 새들이
가득해져라"고 말씀하셨다.

따라서 하나님은 큰 바다 생물들과 물에서
번성하며 움직이는 모든 생물들을 만드시고,
또 각종 새들을 만드셔서 각각 같은 종류의
새끼를 낳게 하셨다.

그것은 하나님 보시기에 좋았다.

하나님은 그들에게 복을 주시며
"생육하고 번성하라. 물고기가 바다에 가득하고
새들이 땅에서 번성하라"고 하셨다.

저녁이 지나고 아침이 되니
이는 다섯째 날이었다.

창조의 여섯째 날, 하나님은
땅의 짐승들을 만드셨다.

하나님은 말씀하셨다. "땅은 각종 짐승들을 낳고,
각 짐승은 같은 종류의 새끼를 낳아라.
가축과 땅에 기어다니는 작은 동물들, 들짐승들까지."

그리고 그대로 되었다.

하나님은 각종 들짐승과 가축,
작은 동물들을 만드셨고, 그들은 각각
같은 종류의 새끼를 낳을 수 있었다.

그것은 하나님 보시기에 좋았다.

그리고 하나님이 말씀하셨다. "우리의 형상을 따라 우리의 모양대로 우리가 사람을 만들자."

그리고 여호와 하나님은 땅의 흙으로 사람을 만드셨다. 하나님이 사람의 코에 생기를 불어넣으시자, 그는 산 사람이 되었다.

하나님이 지으신 그 모든 것을 보시니, 보시기에 심히 좋았다!

여호와 하나님은 동방의
에덴에 동산을 만드셨다.

하나님이 지으신 사람을 거기에 두셨다.

하나님은 각종 나무들을 만드셨다.
아름답고 맛있는 열매를 맺는 나무들이었다.

강이 에덴에서 흘러 나와
동산을 적시고 거기서부터
네 갈래로 갈라졌다.

여호와 하나님은 사람을
에덴 동산에 두어 그것을
경작하며 지키게 하셨다.

동산 가운데에는 생명나무와
선악을 알게 하는 나무를 두셨다.

하나님은 사람에게 한 나무를
제외한 동산의 모든 나무 열매를
먹어도 된다고 하셨다.

선악을 알게 하는 나무의 열매는 먹지 말라. 네가 먹는 날에는 반드시 죽으리라.

창세기 2:9,16-17

15

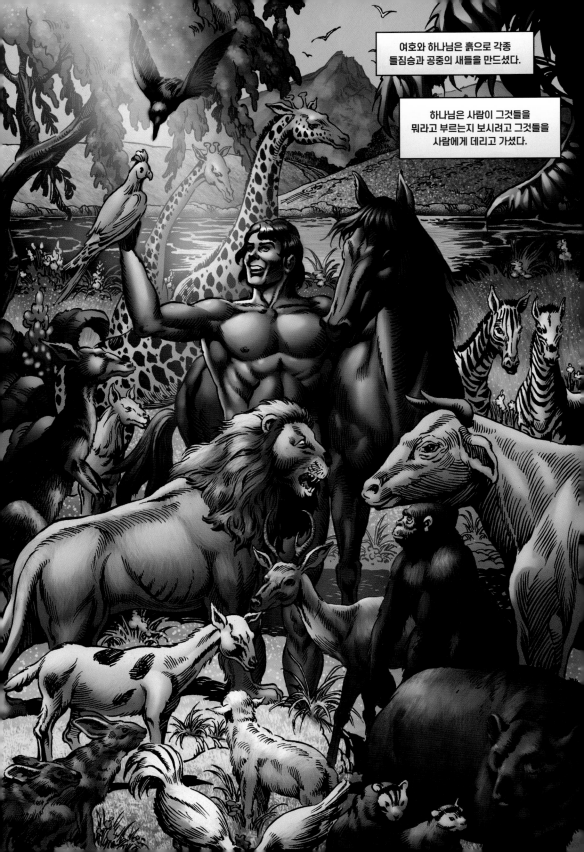

날마다 그 사람, 아담은 하나님과 직접 대화를 나누며 친밀한 교제를 즐길 수 있었다.

하나님은 아담이 혼자 사는 것이 좋지 않다는 걸 아셨다.

하지만 모든 동물들 중에는 아담에게 딱 맞는 베필이 없었다.

그때 하나님은 그분의 창조 계획에서 그다음 중요한 단계를 보여주셨다.

하나님은 아담이 깊이 잠들게 하셨고, 아담이 자는 동안 그의 갈빗대 하나를 빼내셨다.

그리고 여호와 하나님은 그 갈빗대로 여자를 만드셨다…

뱀은 여호와 하나님이 지으신
들짐승 중에 가장 간교하였다.

어느 날 뱀이
여자에게 물었다.

하나님이 정말로
너희에게 동산
모든 나무의 열매를
먹지 말라고 하시더냐?

물론 우리는
동산의 나무 열매들을
먹어도 돼.

다만 동산 중앙에 있는
나무의 열매는 먹어선 안 돼.
하나님께서 "너희는 먹지도
말고 만지지도 말라 너희가 죽을까
하노라"라고 말씀하셨거든.

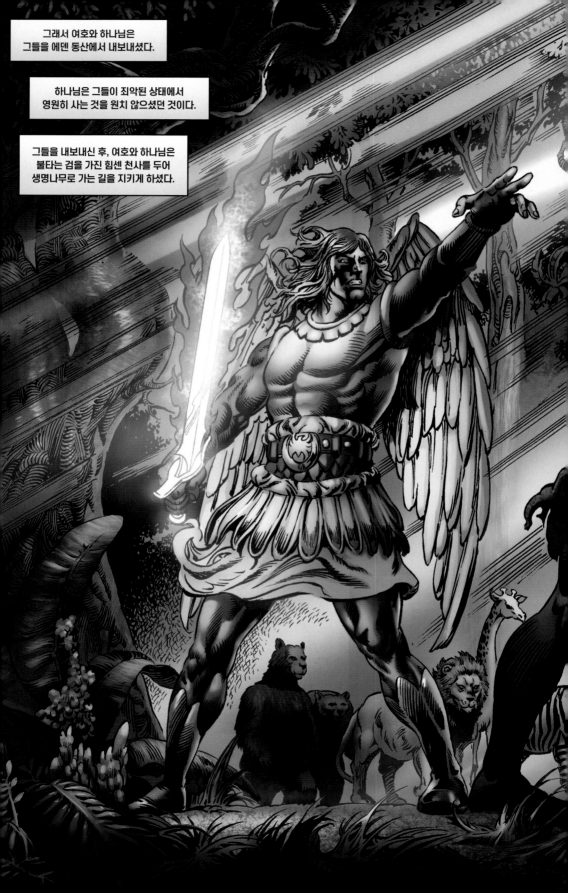

그래서 여호와 하나님은
그들을 에덴 동산에서 내보내셨다.

하나님은 그들이 죄악된 상태에서
영원히 사는 것을 원치 않으셨던 것이다.

그들을 내보내신 후, 여호와 하나님은
불타는 검을 가진 힘센 천사를 두어
생명나무로 가는 길을 지키게 하셨다.

하나님에 대한 불순종이 가져온 많은
고통스러운 결과들 중 첫 번째 결과였다.

27

29

선물?

네, 선물이요.

깨달음의 선물!
그리고 지식의 선물!

오?

저 사람들한테
말해줘.

함, 이게 무슨
소용이 있을까?

그냥 말해줘.

아버지가
이미 말씀하셨는데,
그들은 아버지를 조롱했어.
나도 그렇게 조롱당할 거야!

어서 말해, 형.

아버지라면
똑같이 하실 거야,
그렇지 않겠어?

어쩌면
이번이 마지막일
수도 있어!

제 얘기를
들어보세요.

저희 아버지의
이야기입니다.

잘 들으세요.
이 이야기는
여러분의
이야기이기도
하니까요.

여러분은 최초의 조상 때부터
인간이 얼마나 약해졌는지
아십니다.

그들은 하나님이 주신 한 가지 법을 어김으로써
세상에 죄를 가져왔어요.

하지만 그날 이후로 우리 각 사람이
하나님을 거역하기로 선택했습니다.

따라서 우리 각 사람은 선택을 해야 합니다. 하나님과 그분의 길을 따를 것인가?

아니면 우리 자신의 길을 따를 것인가?

아담과 하와의 아들들과 그들의 선택을 생각해보세요…

아벨은 진심으로 겸손하게 하나님을 섬겼어요.

그리고 가인은 질투심과 오만으로 자신을 섬겼지요.

우리 또한 이 선택을 해야만 합니다! 그리고 하나님은 여러분의 선택을 보셨어요! 여러분의 악함을!

인간의 마음이 하나님을 거역했을 때 하나님의 마음은 너무나 아팠습니다. 여느 아버지의 마음이 그렇듯이.

그리고 하나님은 이렇게 말씀하셨어요. "내가 창조한 이 인류를 지면에서 쓸어버리겠다. 내가 그들을 만든 것을 후회한다."

당신들이 하나님의 생각을 어떻게 압니까, 노아의 아드님들?

말씀하셨듯이 제가 노아의 아들이기 때문이지요.

여러분은 제 아버지, 노아를 아십니다.

아버지는 사람들을 존중하고 하나님을 두려워하는, 나무랄 데 없는 사람입니다.

하나님도 그를 아셨습니다.

아시다시피 아버지는 의로운 분이에요. 허물이 없는.

그래서 내 아버지에게 말씀하셨어요…

완벽하진 않지만, 우리 창조주를 열심히 섬기는 사람이지요.

노아야, 나는 모든 살 피조물들을 멸하기로 했다. 그들은 이 땅을 포악함으로 가득하게 만들었다.

그래, 내가 그들을 땅에서 모두 쓸어버리겠다!

고페르 나무로 큰 배를 만들고 안팎에 역청을 칠해 방수 처리를 해라. 배를 이렇게 만들어라…

33

그리고 방주가 다 지어졌을 때
하나님이 노아에게 한 번 더 말씀하셨다.

방주가
완성될 거라고는
상상도 못했어.

우리 내일은 뭘 할까?

난 오늘 밤에도
분명 나무 자르는
꿈을 꿀 거야!

조용히 해!
모두들!

노아, 내가
가져오라고 한 물은
어디 있어요?

당신이
가져오라고 한 물이
어디 있냐고?
아! 지금 오고 있지!

내가 다시
하나님의 음성을 들었어!

하나님은
나에게 너희들을
데리고 방주로
들어가라고 하셨다.

우리는 모든 정결한
동물들을 종류별로
암수 일곱씩 데려와야 해…

그리고 부정한 동물들은
종류별로 암수 둘씩…

홍수 후에 모든 생물이
세상에 살아남도록 해야 해.

지금부터 7일 후, 하나님께서
40일 동안 밤낮으로 비를 내리실 것이다!

그 모든
동물들을
어떻게
다 모으지?

과연 우리가
다 할 수 있을까?

7일!
7일이라고?!

또 하나님은 그분이 창조하신 모든 생물들을
어떻게 지면에서 쓸어버리실지 나에게 말씀해주셨다.

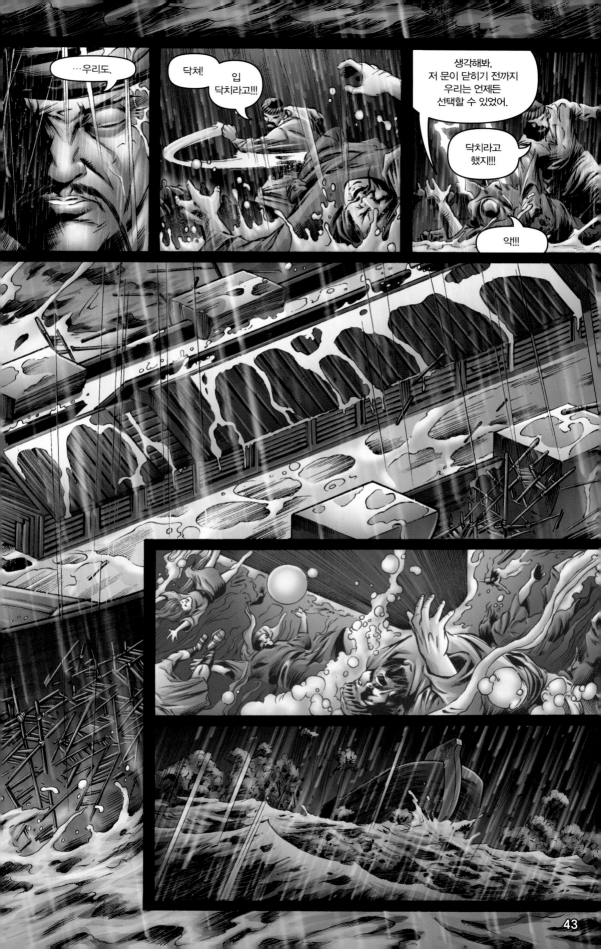

노아는 까마귀 한 마리를 내보냈다.

왜 그렇게
하신 거예요,
아버지?

까마귀는 높은 곳에서
마른 땅을 발견할 수 있을 거다.
만일 까마귀가 다시 돌아온다면,
물이 아직 마르지 않았다는 뜻이겠지.

아, 그래.
음, 좋은 지적이야.

다음번에는
비둘기를 보낼 거야.
비둘기는 일곱 마리가
있으니까…

아니오, 아버지, 제 말은요.
왜 까마귀 한 마리만 보내셨냐는 거예요.
우리에겐 까마귀가 두 마리밖에 없는데
만약 한 마리에게 무슨 일이 생기면…

하지만 까마귀는 물 위로 날아서
왔다갔다만 할 수 있었다.

얼마 후…

뭐 하시려는 거예요,
아버지?

이미 까마귀를 내보내봤지만
아무것도 알아내지 못했잖아요.

그래, 하지만 궁금해서 말이야.
바깥 상황이 어떤지 알고 싶은데
감히 문을 열 용기는 없구나!

이제 때가 된 것 같다,
아들들아.

하나님께서 방주 문을 닫으신 지
1년이 넘었을 때…

오늘은 우리가
살 땅이 준비되었는지
알아보는 날이다!

나는 확실히 그 땅에
살 준비가 됐는데 말이죠!

오, 노아!
저기 좀 봐요!

…지면은 다 말라 있었다.

그때 하나님이
말씀하셨다…

모두 배에서 나와라.
너와 네 아내,
그리고 네 아들들과
며느리들도.

동물들도 다 내보내라.
새와 가축들, 그리고 땅에
기어다니는 작은 동물들을
다 풀어주어 땅에서 생육하고
번성하게 하여라.

홍수가 난 지 2년 후, 노아의 아들 셈은 아르박삿이라는 아들을 낳았다.

그리고 아르박삿을 낳은 후 셈은 500년을 더 살면서 다른 아들과 딸들을 낳았다.

에벨은 벨렉을 낳았다. 그리고 벨렉이 사는 동안 하나님은 바벨탑에서 세상의 언어들을 나누셨다.

아르박삿은 셀라를 낳고, 셀라는 에벨을 낳았다.

바벨탑 이후 벨렉은 르우를, 르우는 스룩을, 스룩은 나홀을, 나홀은 데라를 낳았다.

히브리인들은 에벨의 후손들로 간주된다.

데라는 세 아들, 아브람과 나홀과 하란을 낳았다.

아브람은 자신의 이복 누이인 사래를 아내로 삼았다.

어느 날 데라는 아들 아브람과 며느리 사래를 데리고 갈대아인의 우르라는 번영하는 도시를 떠났다.

그는 또한 손자 롯을 데려갔는데, 그의 아버지 하란은 죽었다.

데라와 그의 가족은 유브라데강을 따라 북서쪽으로 이동하여 하란으로 갔다.

그들의 모든 가축들과 소유물들을 가지고 거대한 사막을 건너는 대신 하란에서 가나안으로 들어가는 것이 더 쉬웠을 것이다.

내가 선택한 동물들을 가지고 와라. 하나님께 제사를 드리려면 그것들이 필요하다.

저리 가!

너는 반드시 알라. 네 자손들이 이방에서 객이 될 것이며 400년 동안 노예로서 억압을 당할 것이다.

그들이 떠난 지 3일째 되던 날, 아브라함은 눈을 들어 멀리 있는 그곳을 바라보았다.

여기에 있어라. 아이와 나는 좀 더 멀리 갈 것이다.

우리는 거기서 예배를 드리고 돌아오겠다.

아브라함은 번제에 쓸 나무를 이삭에게 지웠다…

…아브라함 자신은 불과 칼을 들고 갔다.

아버지?

그래, 아들아?

불과 나무는 있는데, 번제를 위한 어린 양은 어디 있나요?

아들아, 번제를 위한 어린 양은 하나님께서 준비해주실 것이다.

아브라함은 제단을 쌓았다.

그는 제단 위에 나무를 놓았다.

자기 아들을 묶어…

…제단 위에 두었다.

아브라함은 아들을 제물로
바치기 위해 칼을 들었다.

얼마 후, 이삭이 에서를 불러 말했다.

내가 나이가 많아,
언제 죽을지 모르겠구나.

나를 위해 사냥을 해오렴.
내가 제일 좋아하는 음식을
준비해서 내게 가져와라.
내가 죽기 전에
너를 축복하려 한다.

잘 들어. 네 아버지가
에서에게 하는 얘길 들었어.
사냥한 고기를 가져오면
축복을 해주겠다고 말이야.

그러니까 좋은 염소 새끼
두 마리를 가져오렴. 내가 그걸로
네 아버지가 제일 좋아하는
음식을 만들 테니까.

그럼 네가 그것을
아버지께 가져가서
축복을 받으면 돼.

하지만 에서는
털이 많고 저는 피부가
매끈매끈한 걸요.

아버지가 절
만져보시면 오히려
저를 저주하실 거예요.

그러면 그 저주는
내가 받을게! 넌 그냥
내가 말한 대로 하면 돼.

야곱은 모두 강 건너로
보내고 혼자 남았다.

그날 야곱은 밤새 한 사람과 씨름했다.

많은 이들이 이 사건을 신의 출현,
즉 하나님이 가시적으로 나타나신 것으로 해석한다.

새벽에 그 사람이
야곱의 허벅지를 쳐서
관절이 어긋났다.

날이 새려 하니
이제 나를 놓아달라!

나를 축복해주지
않으면 보내지
않겠소.

이제 네 이름은 야곱이 아니라
이스라엘이다. 이는 네가 하나님과,
또 사람과 싸워 이겼기 때문이다.

야곱은 그곳을 브니엘 또는 "하나님의 얼굴"이라 불렀다.
그가 하나님을 대면하여 보았으나 살아남았기 때문이다.

창세기 32:22-32

라헬의 첫째 아들, 요셉은 형들과 함께
양떼를 돌본 후 형들의 잘못을
아버지에게 일러바치곤 했다.

요셉은 늦은 나이에 낳은 아들이었기에,
야곱은 그를 위해 아름다운 옷을 지어 입혔다.

저거 봤어?
쟤만 특별한 옷을
입었어.

아버지가
우리 중 누구를
제일 좋아하는지,
이제 말할 것도
없겠네.

미안, 그렇게 환한 옷을 입고
있는 널 알아봤어야 했는데.

아버지의
어린 아들은
더 강해져야지.

하지만 하나님은
요셉에게 꿈을 꾸게 하셨다.

네 형들이 세겜에서 양을 치고 있다. 가서 형들이 잘 있는지 보고 오너라.

꿈꾸는 자가 온다!

알록달록한 공작새 같네.

자, 우리 저 아이를 죽여버리자. 아버지한테는 "사나운 짐승이 잡아먹었다"고 하면 되잖아.

죽이진 말고, 그냥 이 구덩이에 던져버리자.

르우벤은 나중에 몰래 요셉을 구출하여 아버지에게 돌려보낼 계획이었다.

우리가 형제를 죽여서 얻는 게 뭐가 있겠어? 우린 범죄를 숨겨야 할 거야. 그러지 말고 이스마엘 사람들에게 팔아버리자!

은 이십.
현재 노예 시장 가격이오.

저 아이를 데려가세요.
우리가 다시는
저 아이를 볼 일이 없게!

잘 가라,
꿈 꾸는 자야!

너의 모든 꿈들이
이루어지길!

하하하!

유다야,
요셉 어디 있어?

없어졌어.
우리가 그 자식을
팔아버렸거든!

우리한테
다 계획이 있어…

보세요,
우리가 발견한 거예요.
아버지 아들의 옷이
아닙니까?

아아!
우리 아들의 옷이야!
요셉이 짐승에게 물려 갈기갈기
찢긴 것이 틀림없어!

아버지껜 아직
남아 있는 자식들이 많습니다.

아니! 나는
내 아들을 애도하며
무덤으로 들어갈 것이다.

92

창세기 37:28-35

이스마엘 사람들은
요셉을 부유한 애굽인,
친위대장 보디발에게 팔았다.

요셉이 그를 위해 일하는 동안
보디발은 더 부자가 되었다.

또한 그가 요셉에게 자기 집안의
모든 일을 맡겼더니 더욱더 번성하였다.

흠…

보디발의 아내도 요셉을 눈여겨보았다.

와서 나와
동침하자.

제 주인께서 저를 믿고
집안의 모든 일을 제게 맡기셨습니다.
그런데 제가 어떻게 하나님 앞에서
그렇게 악한 일을 하겠습니까?

그녀는 매일매일 요셉을 쫓아다녔으나,
요셉은 그녀에게 가까이 가지도 않으려 했다.

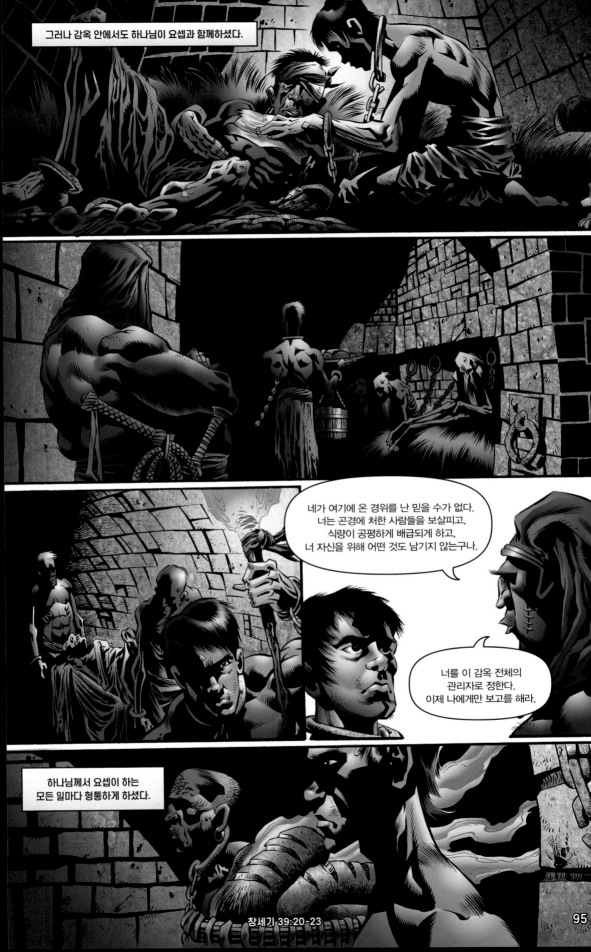

그러나 감옥 안에서도 하나님이 요셉과 함께하셨다.

네가 여기에 온 경위를 난 믿을 수가 없다.
너는 곤경에 처한 사람들을 보살피고,
식량이 공평하게 배급되게 하고,
너 자신을 위해 어떤 것도 남기지 않는구나.

너를 이 감옥 전체의
관리자로 정한다.
이제 나에게만 보고를 해라.

하나님께서 요셉이 하는
모든 일마다 형통하게 하셨다.

창세기 39:20-23

바로왕이
이 두 사람 때문에
노하셨다. 이 술 맡은
관원장과 떡 굽는
관원장을 옥에 가두어라!

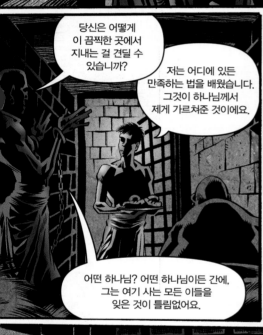

당신은 어떻게
이 끔찍한 곳에서
지내는 걸 견딜 수
있습니까?

저는 어디에 있든
만족하는 법을 배웠습니다.
그것이 하나님께서
제게 가르쳐준 것이에요.

어떤 하나님? 어떤 하나님이든 간에,
그는 여기 사는 모든 이들을
잊은 것이 틀림없어요.

오늘 왜 그렇게
근심이 가득해 보여요?

우리 둘 다 지난 밤에
꿈을 꾸었는데,
아무도 그 꿈을 해석할 수
있는 사람이 없어요.

꿈을 해석하는 건
하나님의 일입니다.
저에게 꿈 이야기를
들려주세요.

96

난 세 가지에 포도가 열린 포도나무를 보았어요. 내가 바로의 잔에 포도즙을 짜서 그 잔을 바로왕께 드렸지요.

세 가지는 삼 일을 나타냅니다. 삼 일 내에 바로왕이 당신을 술 맡은 관원장으로 복귀시켜줄 거예요.

그러면 바로왕에게 제 얘기 좀 해주세요. 전 히브리 땅에서 끌려왔고, 감옥에 갇힐 만한 일을 하지 않았습니다.

내 꿈에선 세 개의 떡 광주리가 내 머리 위에 있었어요.

맨 위 광주리에 온갖 구운 음식이 있었는데, 새들이 와서 내 머리 위 광주리에서 그것들을 먹어버렸어요.

세 광주리 또한 삼 일을 뜻합니다.

삼 일 내에 바로왕이 당신을 끌어내 나무에 달 것입니다. 그때 새들이 당신의 살을 뜯어먹을 것입니다.

요셉의 해몽은 그대로 이루어졌다. 하지만 술 맡은 관원장은 다시 일하게 되었을 때 요셉에 관한 모든 것을 잊어버렸다.

창세기 41:1-4,8

나는 두 번째 꿈을 꾸었다.

일곱 개의 튼튼한 이삭이 한 줄기에서 자라는 것을 보았다.

그런데 가늘고 마른 이삭 일곱 개가 나오더니, 튼튼한 일곱 이삭을 삼켜버렸다.

위대하신 바로왕이여, 우리 중 누구도 왕의 꿈을 해석할 수 없습니다.

그것은 우리에게 계시되지 않았습니다.

제가 깜빡 잊고 있었던 것이 생각났습니다. 제가 감옥에 갇혔을 때 히브리 청년이 제 꿈과 떡 굽는 관원장의 꿈을 해석해주었는데, 그대로 이루어졌습니다.

하지만 꿈을 꾼 것은 사실이다.

누군가 그 꿈을 해석할 수 있어야 한다. 그렇지 않으면 하나님께서 나에게 그 꿈을 꾸게 하지 않으셨을 것이다!

그러면 그 청년을 데려와라!

네가 꿈을 해석할 수 있다고 들었다.

저는 할 수 없습니다. 그러나 하나님께서 그 뜻을 말씀해주시고 왕의 마음을 편하게 해주실 수 있습니다.

바로왕의 두 꿈은 모두 같은 것을 의미합니다. 즉 하나님께서 하려고 하시는 일을 왕에게 말씀해주고 계신 것입니다.

일곱 마리 튼튼한 소는 일곱 해의 풍년이고, 일곱 마리 파리한 소는 그 뒤에 있을 일곱 해의 흉년을 나타냅니다. 일곱 개의 이삭도 마찬가지입니다.

이 기근 때문에 애굽에서 있었던 모든 번영이 잊혀질 것입니다. 기근이 그 땅을 멸할 것입니다.

나라 안에 감독관들을 두어 일곱 해의 풍년 동안 작물의 오 분의 일을 거두게 하십시오.

명철하고 지혜로운 사람을 찾아 그에게 애굽을 맡기십시오.

너보다 높은 사람은
오직 이 왕좌에 앉아 있는 나밖에 없다.

이로써 내가 애굽 온 땅을 너에게 맡긴다.

무릎을
꿇으라!

칠 년 동안 요셉은
모든 작물을 거두어 저장해두었다.

바로왕은 또한 그에게 아스낫을 아내로 주었다.

요셉은 아들을 낳아 그 이름을 므낫세
("잊다")와 에브라임("번성한")이라고 지었다.

하나님은
내가 고생한
이 땅에서 나로
번성하게 하셨다.

창세기 41:40-52

너희는 어째서 서로 바라보고만 있느냐?

애굽에는 곡식이 있다고 들었다. 가서 곡식을 사오너라.

너희 열 명은 가서 곡식을 구해 와라.

베냐민은 다치면 안 되니 여기 나와 함께 있을 것이다.

상상했던 것보다 훨씬 더 크다.

그들의 곡식창고도 크겠지.

내 주여, 가나안 땅에서 온 히브리인들이 곡식을 사고 싶다고 합니다.

그들에게 은이나 금이 있다면 협상해보겠다.

창세기 42:1-5

사흘 뒤…

나는 하나님을 두려워하니, 당신들이 내 대로 하면 살려주겠소.

당신들이 정말로 정직한 사람들이면, 한 사람만 감옥에 남고 나머지는 곡식을 가지고 돌아가시오.

그러나 당신들 말이 사실임을 증명하려면 반드시 막내동생을 데리고 와야 하오.

우리가 요셉에게 한 짓 때문에 벌을 받고 있는 게 틀림없어.

요셉이 살려달라고 애원할 때 괴로워하는 모습을 보고서도 듣지 않았잖아.

그래서 우리가 이런 곤경에 처한 거야.

내가 그 아이를 해치지 말자고 했지? 하지만 너희는 듣지 않았어!

이제 우리가 그 아이를 죽인 대가를 치르고 말 거야!

그들은 요셉이 그들의 말을 알아듣는지 몰랐다. 그는 통역관을 통해서 말했기 때문이다. 요셉은 자리를 떠나 울기 시작했다.

창세기 42:18-24

사브낫바네아가 명하길,
이들의 자루에 필요한 만큼
곡식을 가득 채워 보내라 하셨다.

그들의 돈을 곡식 자루에
도로 넣고 가는 동안
먹을 양식도 충분히 주어라.

네, 총리님.

큰일났어.
어서 이리 와봐!

이것 봐! 내 돈이
내 자루에 도로
들어와 있어!

하나님이
우리에게
무슨 일을
하신 거지?

그 땅의 총리가 우리에게
엄하게 말했어요. 그는 우리를
정탐꾼이라고 했어요.

우리가 돌아가도 되지만
시므온은 데리고 있겠다고 했고,
또 우리가 정탐꾼이 아니란 걸
증명하려면 베냐민을
데리고 와야 한다고 했어요.

내 것도!

오, 안 돼. 내 돈도
자루 안에 그대로 있어.

너희가 내 아들들을 빼앗아가는구나!
요셉도 없어지고 시므온도 없어졌다!
이제 베냐민까지 데려가려 하다니.

다 나를
괴롭히는
일뿐이구나!

제가 베냐민을 다시
데려오지 않는다면 저의 두 아들을
죽이십시오. 제가 책임지고
반드시 데리고 돌아오겠습니다.

내 아들은
절대 너희와
함께 가지 못한다.

가는 길에 그 아이에게
무슨 일이라도 생기면,
너희는 이 슬픔에 잠긴
흰 머리 늙은이를
무덤으로 보낼 것이야.

주인님, 오늘 먹은 빵이 마지막 빵입니다. 아드님들이 애굽에서 가져온 곡식이 이제 다 떨어졌어요.

다시 가서 양식을 조금 더 사오너라.

너희는 왜 그렇게 나한테 잔인하게 구느냐? 너희에게 다른 형제가 있다는 말을 대체 왜 한 거냐?

그럴 수 없습니다. 그 땅의 총리가 막내동생을 데려오지 않으면 안 된다고 한 걸요.

그 사람이 계속 물어봤어요.

저 아이를 저와 함께 보내주세요. 만약 저 아이를 다시 데려오지 못한다면 저에게 책임을 지우세요. 우리가 꾸물거리지 않았다면 벌써 두 번은 다녀왔을 거예요.

이렇게 하자. 이 땅의 가장 좋은 산물들을 가방에 담아 가라. 그리고 너희 자루에 있던 돈의 두 배를 가져가라. 너희 동생도 데려가라. 내가 자식들을 잃는다 해도 어쩌겠느냐.

창세기 43:1-14

요셉은 자기 감정을 주체할 수 없어서
자리를 떴다…

너희 아버지,
너희가 말했던
그 노인은 어떻게
계시느냐?

이 아이가
너희의 막내
동생이냐?

하나님이
너에게 은혜를
베푸시기 바란다,
꼬마야.

우리 아버지,
주의 종은 살아 계시고
잘 지내십니다.

…그리고
자기 방에서 울었다.

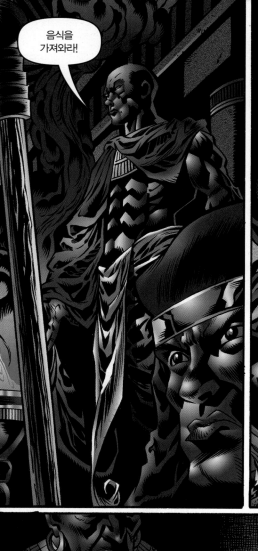

음식을 가져와라!

관습상 애굽인들이 히브리인들과 함께 먹는 것은 부정한 일이었다.

형제들은 식탁에 자기들을 나이 순으로 앉히는 것에 깜짝 놀랐다.

이것 봐. 베냐민의 음식이 우리 것보다 다섯 배는 더 많아.

창세기 43:31-34

창세기 44:9-13

너희가 무슨 짓을 저지른 거냐? 나 같은 사람은 미래를 예측할 수 있다는 걸 모르느냐?

우리가 무슨 말을 하겠습니까? 어떻게 우리의 결백을 증명할 수 있겠습니까?!

당신은 바로 왕과 같으시니, 부디 우리의 말을 들어주세요.

전에 우리에게 아버지나 형제가 있는지 물으셨지요.

우리는 "늙은 아버지가 계시고, 아버지가 노년에 얻은 막내아들이 있습니다.

그 아이의 친형은 죽었고, 그 어머니의 자식 중에 남은 것은 그 아이뿐이라 아버지가 그를 각별히 사랑하십니다"라고 대답했습니다.

그러자 당신은 우리가 동생을 데려오지 않으면 돌아올 수 없다고 하셨습니다.

우리에게 양식이 떨어졌을 때 아버지가 우리에게 말씀하셨어요…

내 아내는 두 아들을 낳았다. 그중 하나는 떠났다. 그 아이는 짐승에게 찢겨 죽은 것이 틀림없으니, 내가 지금까지 그를 보지 못했다.

만약 너희 동생에게 무슨 일이 생긴다면 너희는 이 흰 머리 노인을 무덤으로 보내고 말 거다.

저는 동생을 잘 보살피겠다고 아버지께 다짐을 했습니다.

제가 여기에 노예로 남겠으니, 저 아이는 형들과 함께 돌아가게 해주십시오. 이 일로 아버지가 괴로워하시는 모습을 차마 볼 수 없습니다!

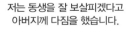

다들 나가거라!

아아애!!!

난, 난 형들의 동생,
요셉이에요.

형들이 노예로
팔아넘긴.

그럴 리가…

뭐라고?

나를 판 것에 대해 자책하지 마세요.

하나님이 형들의 목숨을 보존하시려고 저를 이곳에 보내신 것입니다.

지난 2년간 땅을 황폐하게 만든 이 흉년은 5년 더 지속될 것입니다. 하나님께서 형들과 가족들을 살리시려고 나를 형들보다 먼저 보내신 거예요.

이제 빨리 아버지께 돌아가 이 얘기를 전해주세요.

"하나님이 나를 온 애굽의 통치자로 삼으셨습니다. 지체 말고 내게로 내려오십시오! 당신들은 고센 땅에 살 수 있습니다."

형들이 본 것을 모두 아버지께 고하고, 속히 내 아버지를 여기로 모셔오세요.

요셉은 형제들로 인해 기쁨의 눈물을 흘렸다.

창세기 45:16-24

여기 브엘세바에서 멈추자.

내 아버지, 이삭이 예배드렸던 것처럼 여기서 예배를 드려야겠다.

야곱아! 야곱아!

저 여기 있습니다, 주님.

애굽으로 내려가기를 두려워하지 말아라. 거기서 네 가족이 큰 민족을 이루게 할 것이다.

내가 너와 함께 애굽으로 내려갔다가, 너를 다시 데리고 나올 것이다.

너는 애굽에서 죽을 것이나, 요셉이 너와 함께 있을 것이다.

야곱은 그의 아들들과 가족들과 함께 브엘세바를 떠나 그들의 새 집을 향해 갔다.

모두 70명의 야곱 가족들이 애굽에서 살게 되었다.

120

창세기 46:1-7, 26-27

네가 요셉에게 먼저 가서 고센으로 오게 해다오.

아버지.

네 얼굴을 얼마나 보고 싶었는지 모른다.

요셉은 한참 동안 울었다.

제가 바로 왕께 안내할게요. 왕께는 다 목자들이라고 말씀하세요.

그러면 여기 고센 땅에 살게 해줄 거예요. 애굽 사람들은 목자들을 경멸하거든요.

기근이 심해지자, 요셉은 곡식을 팔아 애굽과 가나안에 있는 돈을 모두 거두어들였다.

그러자 사람들이 다시 그에게 왔다.

우리는 돈이 다 떨어졌습니다! 제발 우리에게 양식을 주십시오. 그렇지 않으면 당신 눈 앞에서 죽겠습니다!

우리의 돈도 떨어졌고, 우리의 가축은 다 당신 것이 되었습니다.

이제 드릴 것이 아무것도 남지 않았으니, 우리 몸과 토지뿐입니다.

너희의 가축을 가져오면 먹을 것을 주겠다.

내가 땅에 심을 씨앗을 주겠다. 너희가 추수한 농작물의 오 분의 일은 바로왕의 것이 될 것이다.

그 이듬해에…

당신이 우리의 목숨을 구해주셨습니다!

그러나 고센에 사는 야곱의 가족들은 풍성한 열매를 거두며 크게 번성하였다.

내가 죽을 날이 가까이 왔구나.

나를 애굽에 장사하지 않겠다고 약속해다오. 부디 나를 조상들과 함께 묻어주어라.

말씀대로 하겠습니다, 아버지.

여기 있습니다, 아버지.
저와 제 아이들을
모두 축복해주세요.

나의 조부 아브라함과
아버지 이삭이 섬겼던
하나님께서 이 아이들에게
복을 주시기를 바라노라.

이들이 나의 이름을 보존하며
이 땅에서 크게 번성하기를
바라노라.

안 돼요, 아버지.
장남에게 오른손을
얹으셔야 합니다.

하지만 그의 동생이
더 크게 될 것이다.
또 그의 자손들은
여러 민족을
이룰 것이다.

사람들은 "하나님이
네게 에브라임 같고
므낫세 같게 하시리라"고
축복할 것이다.

나도 안다,
아들아.

그도 큰 민족이
될 것이다.

그리고 요셉,
너에게는 내가 칼과 활로
아모리 족속에게서
빼앗은 땅을 더 주겠다.

창세기 48:12-22

르우벤아, 너는 권능이 탁월하지만, 내 아내와 동침하였으니 더 이상 으뜸이 되지 못할 것이다.
시브온과 레위는 폭력의 도구로다. 그들의 분노에 저주가 임할 것이다. 내가 이스라엘에서 그들을 흩을 것이다.
유다야, 너는 원수의 목을 잡을 것이다. 왕의 지팡이가 너를 떠나지 않을 것이다.
스불론은 해변에 거주할 것이며 배들을 위한 항구가 될 것이다.
잇사갈은 건장한 나귀이며 중노동을 하게 될 것이다.
단은 그의 백성을 다스릴 것이다.
갓은 군대의 추격을 받으나 도리어 그들을 추격할 것이다.
아셀은 왕들이 먹을 기름진 음식을 먹게 될 것이다.
납달리는 아름다운 새끼를 낳는 암사슴이다.
요셉은 샘 곁에 있는 들나귀 새끼이다. 야곱의 전능하신 하나님의 손에 의해 그의 활은 늘 튼튼하다.
베냐민은 원수들을 집어삼키는, 배고픈 이리이다.
나를 헷 사람 에브론의 밭에 있는 굴에 우리 선조와 함께 묻어달라. 이삭과 그의 아내 리브가도 거기에 묻혀 있다.
그리고 내가 레아도 그곳에 장사하였다.

창세기 50:1-20

요셉은 110살까지 살았다.
그는 살아서 삼대의 후손들을 보았다.

또한 그는 살아있는
형제들에게
이런 말을 했다.

나는 곧 죽을 것이나
하나님이 반드시 형들을
도우러 오실 것이며 아브라함에게
엄숙히 약속하신 땅으로
다시 데려가실 것입니다.

하나님이
그렇게 하실 때 나의 해골도
가져가주십시오.

그래서 요셉의 시신은 향 재료를 넣어 애굽에서 입관되었다.

128

제가 가서 아기에게 젖을 줄 히브리 여자를 찾아볼까요?

그래, 그러렴!

이 아기를 데려가 젖을 먹여주면 내가 보수를 줄게. 아기가 젖을 떼면 내가 왕궁으로 데려갈 거야. 내가 아기를 물에서 건져냈으니까 이름은 모세라고 부르겠어.

몇 년 후···

모세에게 젖을 먹여주어서 고맙다. 매우 건강해 보이는구나. 이 아이는 자라서 부유하고 힘 있는 사람이 될 거야.

바로의 딸에게 입양된 아들로서, 모세는 애굽의 지도자로 자라났다.

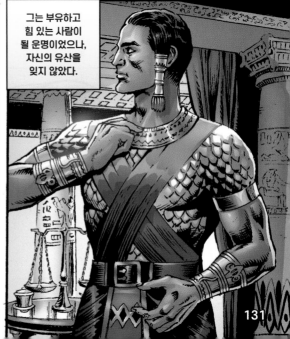

그는 부유하고 힘 있는 사람이 될 운명이었으나, 자신의 유산을 잊지 않았다.

어느 날 모세는 한 애굽 사람이 히브리 사람을 잔인하게 때리는 것을 보았다.

이 탄압을 중단시켜야 해.

더 이상은 안 돼!

모세는 그 애굽 사람을 죽이고 모래 속에 숨겼다. 그러나 바로가 그 일을 듣고 모세를 죽이려 했다.

거기 서! 이 살인자야!

모세다!

오, 하나님! 제가 무슨 짓을 한 거죠?

약 BC 1486년

모세는 애굽을 떠나 광야로 도망쳤다.

그는 가족도 친구도 없이, 혼자였다.

출애굽기 2:11-15

출애굽기 4:1-4,12-16

출애굽기 4:17, 30-31

출애굽기 5:6-23 ; 6:6 ; 7:1-5

저것 봐!
그의 뱀이 우리 뱀과
싸우려고 해.

그의 뱀이
우리 뱀을
잡아먹고 있어!

설마 또 다른 뱀을
잡아먹으려 하진 않겠죠!
우리의 뱀신, 아포피스가
진노할 겁니다.

우리 뱀을 완전히
삼켜버렸어!

창조의 하나님이
말씀하십니다.
"내 백성을 보내라."

바로의 마음은 여전히 완악했다. 하나님이 예언하신 것처럼 그는 여전히 들으려 하지 않았다.

하나님은 다시 모세를 만나 무엇을 할지 말씀해주셨다. 애굽인들은 모세를 조롱했다. 그의 백성들도 그를 거부했으니, 이는 바로가 그들을 더 심하게 압박했기 때문이다. 그러나 모세는 이해할 수 없어도 하나님을 믿고 순종했다.

여호와께서 "내가 여호와임을 보여주겠다"고 말씀하십니다. 보세요! 내 손에 든 이 지팡이로 나일강을 치면 강이 피로 변할 겁니다.

가서 나의 마술사들을 불러와라. 나일강의 신이 이것을 막아 줄 테니.

살면서 이런 일은 처음 봤어. 샘들과 작은 연못들까지 피로 변했어. 그 사람이 섬기는 신의 이름이 뭐라고 했지?

알면 뭐하려고? 우리에겐 수많은 신들이 있어. 나일강의 신이 분노한 것이 틀림없어.

그 모세란 사람은 자기 신이 유일한 신이라고 하잖아.

유일한 신? 말도 안 돼.

물이 피로 변한 지 이레가 지난 후, 모세가 다시 애굽에 대한 하나님의 심판이 임하게 했다.

온 땅에 개구리들이 올라오게 하라.

모든 물에서 갑자기 수많은 개구리들이 올라왔다.

집에 개구리가 가득 찼어요!

온 애굽이 개구리 천지예요. 신들이 화가 났나 봐요!

우리 제사장들은 다 어디 있지? 그들이 뭔가 할 수 있지 않을까?

으악!

저들의 요구대로 그들을 광야로 보내는 게 어떨까요? 더 이상은 못 참겠어요.

모세를 불러와라. 내가 이야기를 하기 원한다고 전해라.

예, 분부대로 하겠습니다.

여호와께 개구리들을 없애달라고 간구하면, 내가 네 백성을 보내주겠다.

시간을 정하십시오!

내일 해라.

말씀대로 하겠습니다. 그리고 왕은 우리 하나님 여호와와 같은 이가 없다는 것을 알게 될 것입니다.

바로가 정한 시간에 개구리들이 죽는 것을 보자,
그는 다시 완강해졌다. 그는 히브리인들을 보내지 않았다.

아, 입 다물고
삽질이나 해!

우리 땅에 개구리가
가득하게 만든
이 여호와는 어떤 신일까?

그래서 하나님은 모세에게 말씀하셨다.
"아론에게 명하여라. 네 지팡이를 들어 땅을 쳐라.
땅의 티끌이 이가 되어 애굽 온 땅에 가득할 것이다."

그러자 온 땅에
이들이 들끓었다.

으아악!

살려줘!

너희도 수
이들을 만들 수
없느냐?

이것은 하나님의
권능입니다! 우리는
할 수 없습니다.

이들이 사라졌으나 나는 종들을 보낼 수 없다. 그의 하나님이 또 무엇을 할 수 있겠느냐?

여호와께서 말씀하십니다. "내 백성을 보내어 그들이 나를 예배하게 하라. 네가 거부하면 내가 파리떼를 보낼 것이다. 애굽인들의 집에 파리떼가 가득할 것이나, 이번에는 내 백성이 사는 곳을 구별하여 그곳엔 파리가 없을 것이다."

왜 우리 제사장들은 이 사람을 막을 수 없는 걸까? 그들의 힘은 어디 있는 거지?

이게 어떻게 된 일인지 난 몰라. 다만 이 파리들을 견딜 수가 없어.

그가 말한 대로구나. 히브리인들이 있는 곳에는 파리가 없어! 그들의 하나님이 하는 일이 틀림없구나.

가서 모세를 찾아와라.

내가 너희를 보내어 너희 하나님 여호와께 제사를 드리게 해주겠다. 그러나 너무 멀리 가지는 말아라. 어서 가서 날 위해 기도해라.

출애굽기 8:20-31

155

이번엔 내가 잘못했다. 여호와는 의로우시고, 내 백성과 나는 악하다.

제발 여호와께 간구하여 이 천둥소리와 우박을 그치게 해라. 그만하면 됐다.

너희는 더 이상 여기 남아 있을 필요가 없다.

제가 손을 들고 기도하겠습니다. 그러나 왕과 왕의 신하들은 아직도 여호와 하나님을 두려워하지 않는다는 것을 저는 압니다.

바로가 비와 우박과 천둥소리가 그친 것을 보았을 때 그와 신하들은 다시 죄를 범하였고, 바로는 다시 완악해졌다. 바로는 백성들을 보내지 않으려 했다.

그러자 하나님이 다시 모세를 바로에게 보내셨다.

이것은 여호와의 말씀입니다. "네가 언제까지 나에게 복종하지 않으려 하느냐?

내 백성을 보내라. 네가 거절한다면, 조심해라! 내일 내가 메뚜기떼를 네 영토 안으로 보낼 것이다. 그 메뚜기들이 조금 남은 너의 농작물을 먹어치울 것이다."

이 사람은 언제까지 우리를 인질로 잡고 있을까?

바로 왕은 애굽이 황폐한 걸 아직도 모르시나?

모세가 애굽 땅 위에 지팡이를 드니, 여호와께서 동풍을 일으켜 온 낮과 온 밤에 불게 하셨다.

매뚜기들이 애굽 온 땅에 이르러 사방에 가득해졌다.

출애굽기 10:14-15

메뚜기가 온 땅을 덮으니 땅이 어두워졌다.

메뚜기들이 모든 걸 먹어버렸다.

바로는 모세를 불러 자기가 죄를 범했음을 자백했다. 그러자 하나님이 메뚜기들을 홍해에 몰아넣으셨다. 그러나 하나님이 바로의 마음을 완악하게 하셨고, 바로는 백성들을 보내지 않았다.

모세는 하늘을 향해 손을 들었고, 캄캄한 흑암이 3일 동안 온 애굽 땅을 덮었다. 그러자 하나님이 메뚜기들을 홍해에 몰아넣으셨다. 그러나 하나님이 바로의 마음을 완악하게 하셨고, 바로는 백성들을 보내지 않았다.

위대한 태양신이시여, 우리의 기도를 들으소서. 당신은 3일 동안 모습을 감추셨습니다. 정녕 이 히브리인들의 신을 물리치실 수 없습니까?

여호와께서 바로의 마음을 다시 한번 완악하게 하셨고, 그는 백성들을 보내지 않았다.

출애굽기 11:4-5 ; 12:12-13,21-23,26-28,35-36

아버지,
이 예식의 의미는
뭐예요?

여호와께 드리는 유월절 제사란다.
하나님이 애굽에서 이스라엘인들의 집은
그냥 지나가실 것이기 때문이지.
하나님이 애굽인들을 치실지라도
우리 가족은 살려주실 것이다.

매년 이때에 우리는 이 유월절을
기념하며 하나님이 우리를 바로의 손에서
구원하신 것을 기억할 것이다.

그날 밤중에 여호와께서
애굽 땅의 모든 맏아들들을 치셨다.

내 아들이
죽었어!
뭐라도 해봐.
모세를 불러와라!

저기 봐, 애굽 군대가 오고 있어! 우린 이 광야에 갇힌 거야!

모세는 우리를 죽이려고 여기로 데려왔나 봐! 광야에서 죽느니 차라리 애굽에서 노예로 사는 게 더 나았겠어!

이스라엘인들이 도망쳤다는 이야기가 바로 왕에게 들어가자, 바로와 그의 신하들은 생각을 바꾸었다.

옆에는 산이 있고 앞에는 바다가 있어. 우린 꼼짝없이 갇혔다고.

하나님이 지금 우리를 구원하기 위해 하실 수 있는 일은 아무것도 없어.

여호와께서 여러분을 위해 싸울 것입니다. 진정하세요.

하나님이 한번 더 바로의 마음을 완악하게 하셨습니다. 여러분이 오늘 보는 애굽인들은 다시 보지 못할 겁니다.

출애굽기 14:5-14

애굽인들은 속수무책인 히브리인들을 보고,
모세가 애굽에 일으킨 고난을 떠올리며
그들을 다 죽이려 했다.

바로는 애굽에서 제일 좋은 병거 600대와 애굽의 남은 병거들을
모두 동원하였다. 여호와께서 바로의 마음을 완악하게 하셨고,
그래서 바로는 이스라엘 백성들을 따라갔다.

애굽에 매장지가 부족해서
여기까지 온 겁니까?
우리한테 무슨 짓을 한 거예요?

왜 우리를
애굽에서
나오게 한
거예요?

우리를 광야에서
죽게 하려고 여기로
데려왔어요?

가만히 서서
여호와께서 오늘
여러분을 구원하시는 것을
보십시오.

너는 어찌하여
내게 부르짖느냐?
이스라엘 자손에게
나아가라고 하라!

이스라엘 백성들을 이끌던 하나님의 사자가
장막 뒤로 옮겨갔다. 구름 기둥 또한 움직여서
애굽의 진과 이스라엘 진 사이에 머물렀다.

어두워지자 구름기둥이 불기둥으로 변하여 밤을 밝혀주었다. 그러나 애굽인들과 이스라엘인들은 밤새 서로에게 다가가지 않았다.

네 지팡이를 들고 바다 위로 손을 내밀어라. 바다가 갈라지게 하라. 그래서 이스라엘 자손이 바다 가운데 마른 땅으로 걸어갈 수 있게 하라.

그리고 여호와께서 강한 동풍을 보내셨다…

와, 우리 하나님이 진짜 모든 신 중에 최고시다! 지금 우리는 바다 한가운데 있어.

애굽에선 이런 걸 본 적이 없어.

요시야! 그쪽으로 가지 마! 너 수영 못하잖아!

예쁜 물고기를 만져보고 싶어서 그래요.

전진하라! 히브리인들을 다 죽여라!

히브리인들이 거의 다 건넜을 때 애굽인들이 그들을 쫓아 바다 가운데로 들어갔다. 그들은 히브리인들을 바짝 따라갔다.

출애굽기 14:22-23

이스라엘인들이 애굽을 떠난 지 두 달 뒤, 시내 광야에 이르렀다.

그들은 시내산 앞에 장막을 쳤다.

모세는 하나님을 만나려고 그 산을 올라갔다. 여호와께서 산에서 그를 부르셨다.

너는 내가 애굽인들에게 행한 일을 보았다. 내가 어떻게 독수리 날개로 너희를 업어 내게로 인도하였는지 알 것이다.

이제 너희가 나에게 순종하고 내 언약을 지키면 모든 민족 중에서 나의 특별한 보물이 될 것이다.

하나님은 거룩하시므로 백성들에게 어떻게 그분을 예배해야 하는지 가르쳐주셨다.

병 걸린 송아지는 안 되고, 건강한 송아지만 바쳐라.

곡식을 바칠 땐 기름을 붓고 향을 얹어서 바쳐야 한다. 그것은 여호와를 기쁘게 하는 향이다.

태어난 지 여덟째 날 남자아이는 할례를 받아야 한다.

하나님은 사람들을 건강하게 지키기 위한 계명들을 주셨다.

저 사람은 격리시켜야 합니다.

털이 희어졌고 아물지 않은 상처가 있어요. 만성 피부병입니다.

너희는 나의 안식일을 지키며 내 성소를 경외하라. 나는 여호와이니라.

가난한 자나 부자의 편을 들어 법적 문제에서 정의를 왜곡하지 말라. 언제나 사람들을 공정하게 심판하라.

나 여호와가 거룩하니 너희도 거룩해야 한다.

모세가 산에서 내려와
이스라엘 장로 70명에게
하나님의 계명들을 전했다.

모세는 주의를 기울여
여호와의 모든 지시들을
기록하였다.

참 좋은 계명들이군요.

이스라엘 백성들은 하나님과 언약을 맺었다. 하나님은 그들에게 복 주시고
그들을 원수들로부터 구원하실 것이며, 그들은 하나님의 모든 계명에 순종할 것이다.

하나님은 모세에게
피의 제사를 바치고
그 피를 백성들에게
뿌리라고 명하셨다.

우리는
와께서 명하신 대로
행하겠습니다.

그 피는 하나님과 그의 백성들 간의 언약을 보증했고,
백성들이 하나님과 함께 살 길을 열어주었다.

이제 여러분의 죄가 덮였으니,
70명의 장로들은 저와 함께
산에 올라가 하나님의 영광을
볼 것입니다.

출애굽기 24:9-18

출애굽기 25:8-9 ; 28:1 ; 32:1-4 ; 레위기 16:32-34

여러분을 애굽 땅에서
이끌어내신 여러분의
신이 여기 있습니다.
내일 우리는 큰 제사를 드리고
여호와를 경배할 것입니다.

아론은 백성들이 매우 흥분해 있는 것을
보았고, 그래서 송아지 앞에 제단을 쌓았다.

하나님은 이미 그들에게 어떤 형상을 만들어 예배하지
말라고 명하셨으나, 그들은 하나님의 명령을 어겼다.

백성들은 번제를 드리고
먹고 마시며 즐겼다.

출애굽기 20:4 ; 32:4-6

모세는 다시 산에 올라갔고, 하나님은 다시 돌판에 열 가지 계명을 새겨 주셨다.

여러분이 죄를 범하였을 때 하나님은 여러분 모두를 멸하겠다고 하셨습니다. 하지만 내가 여러분을 위해 기도했고, 하나님은 여러분을 멸하지 않으실 것입니다. 여호와는 참으로 자비로우시고 너그러우십니다.

하나님은 성막을 짓기 위한 지침들을 주셨습니다. 거기서 하나님이 우리를 만나주실 것입니다. 우리는 모두 죄를 지었으므로, 하나님은 우리가 그분께 나아갈 수 있는 길을 마련해주셨습니다.

레위인들은 매일 피의 제사를 드릴 것입니다. 일 년에 한 번 언약궤 위에 피가 뿌려질 것입니다. 하나님께서 언약궤 위의 피를 보시고 우리의 죄를 사해주실 것입니다. 그것이 죄를 사하는 하나님의 방법입니다.

성막이 완성되었고, 제사장들은 매일 제사를 드리기 시작했다. 하나님께서 사람들의 믿음을 보시고 그들의 죄를 사해주셨다.

출애굽기 29:38-42 ; 32:9-14 ; 34:1-4,28-32 ; 39:32

183

하나님이 아브라함에게 그의 민족을 떠나 하나님이 주실 땅으로 가라고 명하신 지 거의 500년이 지났다.

하나님이 아브라함과 사라에게 하신 약속, 즉 그들의 아들 이삭으로부터 큰 나라를 이루실 거라는 약속이 성취되었다.

이스라엘로 이름이 바뀐 야곱의 열두 아들은 열두 지파가 되었고 그 수가 많아졌다.

그들은 노예 생활을 거쳐 모세와 함께 광야에서 떠돌며 하나님의 율법을 받았고, 이제 드디어 약속의 땅으로 들어가고 있었다.

광야를 떠도는 동안 한 젊은이가 늘 모세 옆에 있으면서 그가 이스라엘을 어떻게 이끄는지 보고 배웠다.

그 사람은 강한 용사 여호수아가 되었다.

모세가 하나님께 돌아간 후, 하나님은 아브라함에게 약속하신 땅으로 백성들을 인도할 자로 여호수아를 택하셨다.

백성들은 그들이 이방에서 객이 될 것이며 400년 후에 조상들의 땅으로 돌아올 거라는 예언을 기억했다. 하나님은 약속을 지키셨다.

요단강을 건넌 백성들은 가나안 땅의 맛있는 소산물을 먹었다.

이곳이 하나님께서 우리에게 주신 아름다운 땅이구나.

맞아요, 우리 아이들을 키우고 거룩하고 평화롭게 살도록 가르치기에 아주 좋은 곳이에요.

창세기 15:13-16 ; 신명기 34:9 ; 여호수아 5:12

그 후로 이스라엘에는 모세와 같은 선지자가 없었다.
모세는 여호와께서 대면하여 아시던 자였다.

그러나 하나님은 그 백성을 약속의 땅으로 인도할
다른 지도자를 예비해두셨으니 바로 여호수아였다.

모세가 그에게 안수하였으므로
그는 지혜의 영이 충만하였다.

여호수아가 관리들에게 명하여 진중에 두루 다니며 백성들에게 양식을 준비하라고 전하게 했다. 사흘 안에 그들은 요단강을 건널 것이다.

이스라엘 12지파 중에서 2개 반 지파는 요단강 동쪽에 할당된 땅을 차지하기로 했다.

그러나 여호수아는 하나님이 모세를 통해 그들에게 지시하신 것을 상기시켜주었다.

여러분은 다른 지파들과 함께 요단강을 건너가 그들이 자기들의 영토를 정복하도록 도와야 합니다. 여호와께서 그들에게 안식을 주시고 그들이 그 땅을 소유할 때까지 그들과 함께 머무르십시오.

명령하신 대로 다 행하겠습니다. 또 우리를 어디로 보내시든지 가겠습니다.

우리는 모세에게 순종했던 것처럼 당신에게 순종할 겁니다.

당신의 하나님 여호와께서 모세와 함께하셨던 것처럼 당신과 함께하시길 바랍니다.

요단강 저편 땅,
특히 여리고 주변을
잘 살펴보아라.

그들의 방어시설이
어떠한지, 군대가 신선한 물을
얻을 수 있는지 알아야겠다.

정탐꾼들이 여리고를 조사할 때
도망치기 쉬운 성벽 끝에서 머물 집을 찾았다.

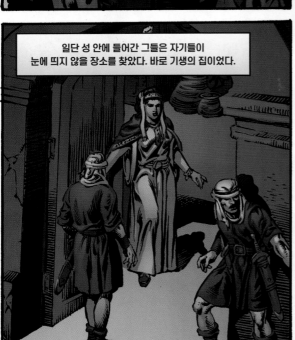

일단 성 안에 들어간 그들은 자기들이
눈에 띄지 않을 장소를 찾았다. 바로 기생의 집이었다.

그러나 라합이라는 여자는
그들이 히브리인이라는 걸 알았다.

그녀와 그 성의 거주자들은 하나님이 이스라엘 백성들을
구원하실 때 행하신 큰 기적들에 대해 들은 적이 있다.

저를
따라오세요.

여기 지붕 위의
삼대 밑에 있으세요.

당신들이 들어오는 걸
본 사람들만 없으면
안전할 거예요.

하지만 너무 늦었다.

기생 라합에게 가라. 이스라엘인들이 우리 땅을 정탐하러 들어왔다는 이야기를 들었다.

그들을 내게 데려와 직접 실토하게 한 다음 죽여라.

똑 똑

당신의 집에 들어온 사람들을 데리고 나오시오. 그들은 정탐꾼들입니다!

그들이 여기에 왔었지만 전 그들이 어디서 왔는지 몰랐어요.

그리고 해질 무렵, 성문을 닫을 때쯤 나갔어요. 아마 따라가면 잡을 수 있을 거예요.

여호와께서 당신들에게 이 땅을 주셨다는 걸 압니다. 우린 모두 당신들을 두려워하고 있어요. 하나님께서 당신들을 위해 어떻게 홍해 가운데 마른 길을 내셨는지 들었거든요.

당연히 우리는 두려움에 마음이 녹았어요! 당신들의 하나님 여호와는 하늘과 땅의 위대한 하나님이니까요.

여러분 자신을 성결하게 하십시오. 내일 여호와께서 여러분 가운데 놀라운 일들을 행할 것이기 때문입니다.

여호수아는 백성들이 하나님께 쓰임받으려면 먼저 그 마음이 하나님 앞에서 바르게 되어야 하며 하나님께 헌신해야 한다는 것을 알았다.

다음날 아침…

언약궤를 메고 백성들을 앞서 강을 건너시오.

그래서 제사장들이 출발하여 이스라엘 백성들을 앞서갔다.

그때 여호와께서 여호수아에게 말씀하시길…

내가 오늘부터 너를 이스라엘 백성들 앞에서 큰 지도자로 만들기 시작할 것이다. 그들은 내가 모세와 함께했던 것처럼 너와 함께한다는 것을 알게 될 것이다.

언약궤를 멘 제사장들에게 명령하여라. 너희가 요단 강가에 이르거든 강물에 몇 걸음 들어간 다음 거기 멈추어라.

와서 여러분의 하나님 여호와께서 하시는 말씀을 들으십시오.

오늘 살아 계신 하나님이 여러분 가운데 계신 것을 알게 될 것입니다. 그분이 분명히 여러분 앞에서 모든 가나안 사람들을 쫓아내실 것입니다.

보십시오. 온 땅의 주이신 하나님의 언약궤가 여러분을 이끌고 요단강을 건널 것입니다.

각 지파에서 한 사람씩, 열두 명을 뽑으세요.

제사장들이 온 땅의 주 여호와의 언약궤를 메고 갈 것입니다. 그들의 발이 물에 닿으면 흘러내리던 물줄기가 끊어지고 둑처럼 쌓일 것입니다.

그렇게 이스라엘 백성들은 하나님이 그들의 조상 아브라함에게 약속하신 땅으로 들어가기 위해 나아갔다.

요단 강이 둑 위로
넘치고 있었다…

…그러나 제사장들의 발이 물에 닿자
강바닥이 마른 바닥이 되었다.

제사장들은 이스라엘
온 백성이 마른 땅으로
건널 때까지 강 한가운데
서 있었다.

여호와께서 여호수아에게 열두 사람을 택하여 요단 강 가운데서 열두 개의 돌을 기념으로 가져오게 하라고 하셨다.

훗날 너희 자손들이 "이 돌들은 무엇을 뜻하나요?"라고 묻거든 이렇게 말해주어라. "그것은 여호와의 언약궤가 요단강을 건널 때 요단 강물이 흐름을 멈추었다는 것을 상기시켜 준단다."

이 돌들은 이스라엘 자손에게 영원히 기념이 될 것이다.

여호와께서 여호수아를 온 이스라엘 백성들 보기에 위대한 지도자로 만드셨고, 그들은 모세를 공경했던 것만큼 여호수아를 공경했다.

마지막 이스라엘 사람이 건넌 후, 제사장들이 궤를 메고 강을 건넜다.

요단 강이 다시 흘러서 예전처럼 둑에 넘쳐 흘렀다.

이스라엘 사람들 때문에 여리고 성문이 굳게 닫혔다.

여리고는 산지로 향하는 주요 입구들을 지키고 있었다. 그들을 제일 먼저 물리쳐야만 했다. 그러나 그 성 자체는 도저히 뚫고 들어갈 수 없어 보였다. 그곳엔 강한 군사 방어시설이 있었다.

게다가 그 성은 언덕 위에 있어서, 공격자들이 심히 불리했다.

그러나 하나님은 여호수아에게 행군 명령을 내리셨다.

내가 여리고와 그 용사들을 너에게 주었다.

너와 너의 군사들은 그 성 주변을 돌아야 한다…

일곱째 날에 이스라엘 백성들은
일찍 일어나 성을 일곱 번 돌았다.

일곱 번째 돌 때 여호수아가 명령했다…

갑자기 여리고 성벽이 무너졌고,
이스라엘 백성들은 그 성으로
곧장 뛰어들었다.

그들은 칼로 그 안에 있는 모든 것을 멸하였다.
남자와 여자, 가축들까지.

그리고 정탐꾼들의 약속을 지키기 위해,
여호수아는 라합과 그녀의 가족을 안전하게
피신시켰다. 라합은 하나님을 두려워하여
정탐꾼들을 보호해주었기 때문이다.

라합은 살몬이라는 이스라엘인과 결혼했고,
다윗왕의 고조할머니가 되었다.
그녀는 또한 예수 그리스도의 조상 중 한 명이 되었다.

이스라엘은 그 땅을 차지했으나
모든 가나안인들을 쫓아내지는 못했다.

이스라엘인들은 여호수아와 하나님이 행하신
위대한 일들을 본 자들이 사는 날 동안 여호와를 섬겼다.

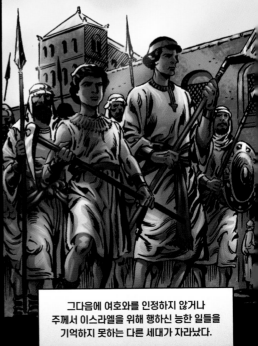

그다음에 여호와를 인정하지 않거나
주께서 이스라엘을 위해 행하신 능한 일들을
기억하지 못하는 다른 세대가 자라났다.

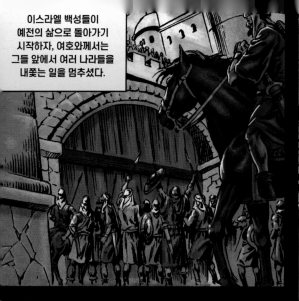

이스라엘 백성들이
예전의 삶으로 돌아가기
시작하자, 여호와께서는
그들 앞에서 여러 나라들을
내쫓는 일을 멈추셨다.

하나님은 이스라엘인들을
시험하기 위해 어떤 민족들을
그 땅에 남겨두셨다.
그들이 하나님께 순종할지
알아보기 위함이었다.

여호와는 전쟁 경험이 없는
이스라엘인 세대들에게
전쟁을 가르치기 위해
이렇게 하셨다.

여호수아가 백성들을 이끌 때 그들은 전심으로
하나님을 따랐고 큰 승리를 거두며 기뻐하였다.

그러나 사사기는 그들의 불순종과
패배 소식을 들려주는 슬픈 속편이다.

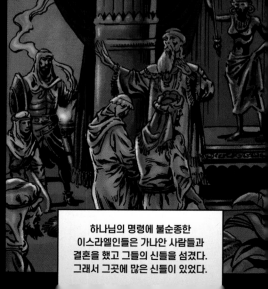

하나님의 명령에 불순종한
이스라엘인들은 가나안 사람들과
결혼을 했고 그들의 신들을 섬겼다.
그래서 그곳에 많은 신들이 있었다.

이스라엘 백성들이 하나님에게서 돌아섰기 때문에 하나님은 악한 왕들을 보내어 이스라엘을 탄압하게 하셨다.

메소보다미아 왕 구산 리사다임은 8년 동안 이스라엘인들을 탄압했다.

그러나 이스라엘 백성들이 부르짖자 여호와께서 한 구원자를 세워주셨다.

이 욕심 많은 왕 때문에 우리가 언제까지 이 짓을 해야 해?

우리가 우상들을 섬겼기 때문에 하나님이 우리에게 분노하신 거야.

그가 우리의 양식이며 여자들을 다 빼앗아가는데 어쩌겠어.

모세는 우리가 다른 신들을 따르면 이런 일이 일어날 거라고 했어.

이젠 정말 지쳤어!

옷니엘을 따릅시다. 여호와께서 그와 함께하십니다.

하나님은 옷니엘이 왕을 이기게 해주셨다. 그래서 40년 동안 그 땅은 평화로웠다.

백성들이 울부짖자 여호와의 영이 갈렙의 조카인 옷니엘에게 임하셨고, 그가 이스라엘의 사사가 되었다.

여기선 아무도 우릴 볼 수 없어.

난 아세라에게 아이를 갖게 해달라고 빌 거예요.

옷니엘이 죽은 후, 이스라엘 사람들은 하나님 보시기에 악을 행하였고 다시 그 지역의 신들을 숭배하기 시작했다.

하나님은 모압 왕 에글론을 보내어 이스라엘을 대적하게 하셨다.

에글론은 암몬과 아말렉 자손들을 모아 함께 이스라엘을 쳤다.

더 이상 못 참겠어. 그들이 우리의 곡식을 거의 다 가져갔어.

우리 딸들도.

우리는 그저 그들을 위해 일하는 노예들일 뿐이야. 하나님, 우리를 도우소서.

18년 뒤 여호와께서 한 구원자를 세우셨다. 그는 베냐민 지파에 속한 왼손잡이 에훗이었다.

요단강 나루를 지켜라.
아무도 강을
건너지 못하게.

에훗은 한 무리의 이스라엘인들을
이끌고 산에서 내려왔다.
그들은 모압 사람들을 공격하고
약 만 명의 가장 강한 용사들을 죽였다.

그 땅은 80년 동안 평온하였다.

에훗 다음에, 아낫의 아들 삼갈이 이스라엘을 구원하였다.
그는 소 모는 막대기로 블레셋 사람 600명을 죽였다.

그 80년이 끝나고 에훗이 죽은 뒤, 이스라엘 백성들은
또 다시 그 땅의 신들을 숭배함으로써 여호와 앞에서 악을 행하였다.

그래서 하나님은 하솔을 다스리는
가나안 왕 야빈의 손에 그들을 넘기셨다.

야빈 왕은 무자비했다.

그의 군대 장관은 하로셋 학고임에
거주하는 시스라였다.

철병거 900대를 갖고 있던 시스라는
20년 동안 이스라엘인들을 무자비하게 탄압했다.

바락은 스불론과 납달리 자손들을 불러 모았고,
그래서 만 명의 용사들이 그와 함께 올라갔다.

드보라도 그와 함께 갔다.

거만한 가나안 군대에게 전투는 순조롭지 않았다.

이 일에 대한 영광은 바락에게 돌아가지 않을 거야.

빨리 쫓아가! 한 사람도 남기지 말고 모조리 쳐라.

제발 저 좀 도와주세요.

그러나 시스라가 지쳐서 잠들자
야엘이 얼른 망치와 장막 말뚝을
가지고 그에게 다가갔다.

그녀는 말뚝이 그의 관자돌이를
뚫고 땅에 박히도록 박았다…

…그렇게 그는 죽었다.

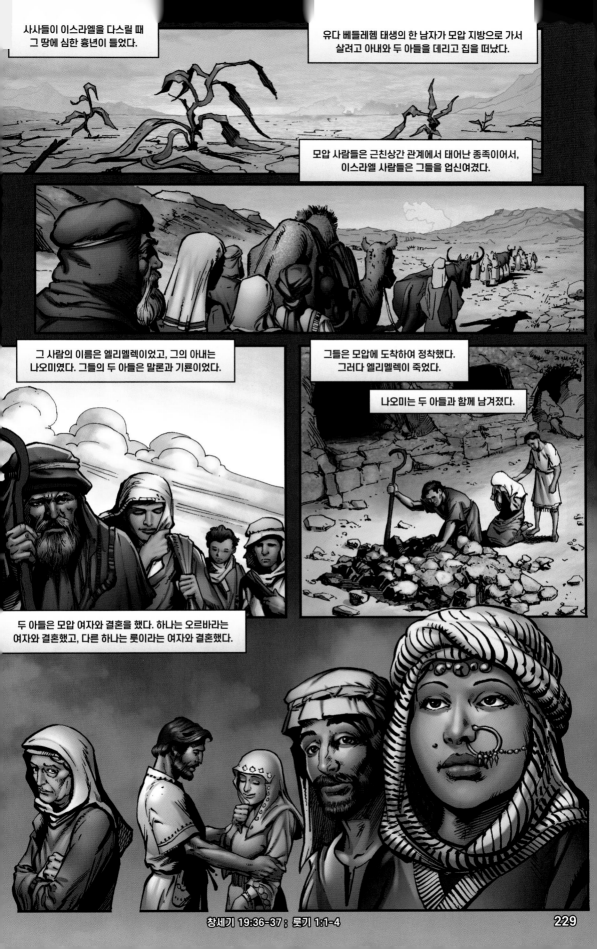

사사들이 이스라엘을 다스릴 때 그 땅에 심한 흉년이 들었다.

유다 베들레헴 태생의 한 남자가 모압 지방으로 가서 살려고 아내와 두 아들을 데리고 집을 떠났다.

모압 사람들은 근친상간 관계에서 태어난 종족이어서, 이스라엘 사람들은 그들을 업신여겼다.

그 사람의 이름은 엘리멜렉이었고, 그의 아내는 나오미였다. 그들의 두 아들은 말론과 기룐이었다.

그들은 모압에 도착하여 정착했다. 그러다 엘리멜렉이 죽었다.

나오미는 두 아들과 함께 남겨졌다.

두 아들은 모압 여자와 결혼을 했다. 하나는 오르바라는 여자와 결혼했고, 다른 하나는 룻이라는 여자와 결혼했다.

저 여자가 곡식단 사이에서 이삭을 줍게 하고 나무라지 마시오. 단에서 이삭을 조금씩 뽑아 일부러 흘려두시오.

그것을 그녀가 줍게 하고, 절대 그녀를 괴롭히지 마시오!

예, 알겠습니다.

그래서 룻은 하루 종일 거기서 이삭을 주웠다. 그날 저녁에 곡식을 타작하니 한 바구니에 가득 찼다.

룻은 그것을 나오미에게 가져갔고, 그녀가 먹고 남은 볶은 곡식도 나오미에게 주었다.

이걸 다 어디서 주웠니? 여호와께서 너를 도와주신 그분에게 복을 주시기를!

오늘 함께 일한 사람의 이름은 보아스예요.

아주 자애로운 사람이었어요.

에브라임 산지에 사는 엘가나라는 사람이 있었다.

엘가나에겐 두 아내가 있었으니, 한나와 브닌나였다.

브닌나에겐 자식이 있으나 한나에겐 자식이 없었다.

하나님은 널 잊으셨나보다. 그러니 네가 아이를 갖지 못하지.

하지만 난 우리 남편한테 아들과 딸을 모두 낳아줄 수 있어.

해마다 엘가나는 실로에 올라가 여호와께 예배와 제사를 드렸다.

엘가나가 제물을 바치는 날에는 브닌나와 각 아이들에게 제물을 나누어주곤 했다.

하나님은 한나에게 자식을 주지 않으셨지만, 엘가나는 한나를 사랑하여 그녀에게 제물의 특별히 좋은 부분을 주었다.

여호와의 제사장은 엘리의 두 아들, 홉니와 비느하스였다.

한나, 왜 울고 있소? 왜 먹지도 않고?

당신한텐 내가 있잖소. 아들 열 명보다 내가 더 낫지 않소?

올해 나와 함께 가서 해마다 드리는 제사를 드리지 않겠소?

아들이 젖을 뗄 때까지 기다릴래요. 그때 아이를 데리고 성막으로 가서 거기에 계속 있게 할 거예요.

이 아이는 하나님과 함께 살 거예요.

아이가 젖을 떼자, 한나는 아이를 데리고 성막으로 갔다. 그들은 제물을 가지고 갔다.

수소를 제물로 바친 뒤, 그들은 아들을 엘리에게 데려갔다.

여기가 너의 새 집이란다, 사무엘.

저를 기억하세요? 몇 년 전에 여기 서 있던 여자예요.

제가 하나님께 이 아이를 달라고 기도했고, 하나님이 들어주셨죠. 이제 이 아이는 평생 여호와 하나님의 것입니다.

제 마음이 여호와를 기뻐합니다! 여호와께서 저를 강하게 하셨습니다.

주 외에 다른 이가 없고, 우리 하나님 같은 반석도 없습니다.

그분이 신실한 자들을 보살펴주실 것입니다.

사무엘의 부모는 집으로 돌아갔다. 그리고 그 아이는 엘리 제사장을 도움으로써 여호와를 섬겼다.

사무엘상 3:1-14

하나님은 이스라엘 백성들을
다스리는 왕이 되기 원하셨다.

그들이 여호와의 인도와
보호를 기대하기 원하셨다.

하나님은 그들을 애굽에서 이끌어내어
약속의 땅으로 인도하기 위해
크고 놀라운 기적들을 행하셨다.

그들이 약속의 땅에 정착한 후, 하나님은 그들을 대적들로부터
구하기 위해 사사들을 세워 그들을 다스리게 하셨다.

하나님이 이스라엘을 다스릴 사사를 세우실 때마다
그 사사와 함께하셨고, 그 사사가 사는 날 동안
그 백성을 대적들에게서 구원하셨다.

그러나 사사가 죽으면 백성들은
그들의 조상들보다 더 타락한 길로 돌아갔다.

사무엘 선지자는
이것을 분명히 말했다…

여러분이 온 마음으로
여호와께 돌아오기 원한다면
이방 신들과 아스다롯 상들을
없애버리세요. 마음을 하나님께
향하고 그분께만 순종하세요.
그러면 하나님이 블레셋
사람들로부터 여러분을
구원해주실 것입니다.

사무엘은 몇 십 년 동안 이스라엘
백성들을 섬겼다. 그가 나이가 들자,
그의 아들들을 이스라엘의 사사로 임명했다.

그러나 그들은 아버지 같지 않았다.
돈 욕심이 많아서였다.

그들은 뇌물을 받고
치우친 판결을 했다.

사무엘상 8:4-9

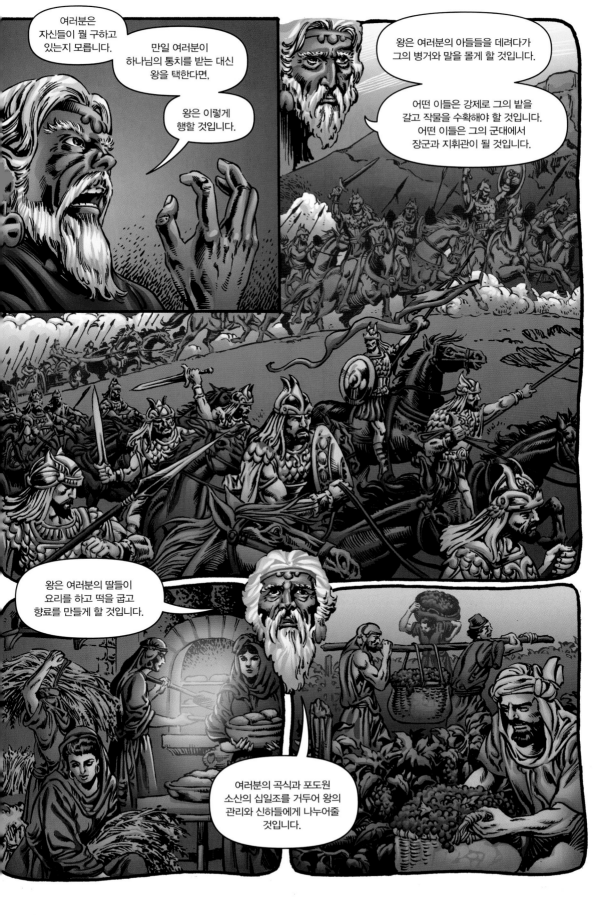

베냐민 지파에 기스라는 사람이 있었다. 그는 부유하고 영향력이 있었다.

그의 아들 사울은 이스라엘에서 가장 잘생긴 사람이었다. 키도 다른 사람들보다 머리 하나만큼 더 컸다.

어느 날, 사울의 아버지가 기르던 나귀들이 없어졌다.

사울은 종을 데리고 산지를 다 돌아다녔으나 어디에서도 나귀들을 찾을 수 없었다.

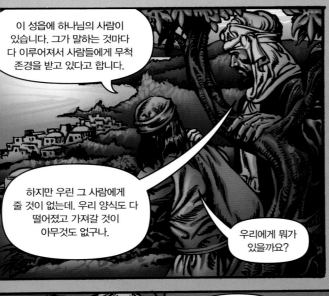

이 성읍에 하나님의 사람이 있습니다. 그가 말하는 것마다 다 이루어져서 사람들에게 무척 존경을 받고 있다고 합니다.

하지만 우린 그 사람에게 줄 것이 없는데. 우리 양식도 다 떨어졌고 가져갈 것이 아무것도 없구나.

우리에게 뭐가 있을까요?

아, 저에게 작은 동전이 하나 있습니다.

선견자가 여기 계십니까?

네, 이 길로 쭉 가세요.

그분은 성문에 계세요. 산당에서 드리는 제사에 참석하기 위해 지금 막 오셨거든요.

서둘러 가시면 식사를 하러 가시기 전에 만날 수 있을 거예요. 그분이 와서 축복기도를 하기 전에는 손님들이 식사를 시작하지 않거든요.

사무엘은 하나님이 시키신 대로 했고, 사울에게 기름을 부어 이스라엘의 첫 번째 왕으로 세웠다.

사무엘은 사울에게 기름을 부은 후, 이스라엘 백성들을 모아놓고 감동적인 마지막 고별사를 전했다.

여러분의 요구대로 왕을 세웠습니다.

이제 여러분의 왕이 여러분의 지도자입니다.

만일 여러분이 여호와를 두려워하고 경배하며 그분의 목소리를 듣고, 또 여호와의 명령을 거역하지 않는다면 여러분과 여러분의 왕은 여호와를 하나님으로 인정한다는 것을 보여줄 것입니다.

그러나 여러분이 여호와의 명령을 거역하고 그분의 말씀을 듣지 않는다면 여호와의 손이 조상들을 치신 것처럼 여러분을 치실 것입니다.

사무엘이 연설을 마치고 여호와를 부르자, 여호와께서 그날 천둥과 비를 내리셨다.

그러자 모든 백성이 여호와와 사무엘을 크게 두려워했다.

얼마 후 사무엘이 사울에게 하나님의 분명한 지시를 전하였다.
"애굽에서 나올 때 아말렉이 이스라엘을 대적한 일로 인해
나는 아말렉을 벌하기로 했다. 가서 아말렉을 완전히 멸하여라."

사울은 아말렉을 공격하여 물리쳤으나,
하나님의 말씀대로 하지 않고 그들의 왕을 살려두었으며
가축 중에서 가장 좋은 것들을 살려두었다.

사무엘은 라마의 집으로 갔다. 사무엘은 다시는
사울을 만나러 가지 않았으나 그로 인해 계속 슬퍼했다.

언제까지 사울을 위해
슬퍼할 것이냐?
나는 이스라엘 왕으로서
그를 버렸다.

뿔에 기름을
채워 가지고
베들레헴으로 가라.

거기 사는 이새라는 사람을
찾아라. 내가 그의 아들 중
한 사람을 내 왕으로 택하였다.

사무엘은 사울 왕을 질책했고, 그가 여호와의
명령을 따르지 않았기 때문에 여호와께서도
이스라엘의 왕으로서 그를 버리셨다고 했다.

그 아들 중
누구에게
기름을 부을지

베들레헴 성에서, 사무엘은 이새에게
그 아들들을 각각 데려와 그 앞에 보이게 했다.

분명
이 사람이 여호와의
기름 부음을
받을 자다!

용모나 키를 보고
판단하지 말아라.
내가 그를 버렸다.

여호와가 보는 것은
너와 다르다. 사람들은
외모를 보고 판단하지만
여호와는 마음을 본다.

아들들이
다 온 겁니까?

막내가 남았는데,
그 아이는 들판에
나가 있습니다.

어서 그를
불러오십시오.

지금 오고
있습니다.

이 사람이다.
그에게 기름을
부어라.

다윗은 그의 형제들 가운데 서 있었고,
사무엘은 기름이 담긴 뿔병을 가져와 다윗에게 부었다.
그날 이후로 여호와의 영이 다윗에게 강하게 임하였다.

이제 여호와의 영이 사울에게서 떠났고,
악령이 그를 우울함과 두려움으로 가득하게 했다.

하나님이 부리시는 악령이
왕을 괴롭히고 있습니다.

우리가 훌륭한 음악가를 찾아서
악령이 왕을 괴롭힐 때마다
하프를 연주하게 하겠습니다.

그가 마음을
안정시키는 음악을 연주하면
곧 괜찮아지실 겁니다.

베들레헴에 사는 이새의 아들 중 한 명이
재능 있는 하프 연주자입니다. 그는 용감한
군인이고 좋은 판단력을 가졌습니다.

외모도 준수한
청년이데다가

하나님께서 그와
함께하십니다.

하나님이 부리시는 악령이 사울을 괴롭힐 때마다
다윗이 하프를 연주했다. 그러면 사울이 한결 나아졌다.

다윗은 또한 왕의 병기를
드는 자가 되었다.

얼마 후, 블레셋 사람들이 전쟁을 하려고 군대를 소집했다.
사울은 엘라 골짜기 근처에 이스라엘 군대를 모아 대항했다.

블레셋 사람들과 이스라엘 사람들은
맞은편 산 위에서 서로 마주보았다.

골리앗은 키가 거의
3미터가 되었다!

그의 놋으로 된 갑옷은
57킬로그램이나 되었다.

그의 창 자루는 베틀 채 같았고,
창날의 쇠 무게는 7킬로그램이나 되었다.

그는 절대
천하무적으로
보였다.

그러나 이스라엘의 적들은 비밀 무기를 가져왔다.

저는 이교도인 블레셋 사람에게도 이렇게 할 것입니다. 그가 살아 계신 하나님의 군대를 모욕했으니까요!

저를 사자와 곰의 발톱에서 구해주신 여호와 하나님이 이 블레셋 사람으로부터 저를 구해주실 것입니다.

사울은 자기의 갑옷을 다윗에게 입혔다.

이건 안 되겠습니다. 영 익숙하지 않아서요.

가라. 여호와께서 너와 함께하시길 바란다!

다윗은 블레셋 사람과 싸우기 위해 시내에서 매끄러운 돌 다섯 개를 골랐다.

무기도 갖추지 않았어.

맨몸으로 저 피에 굶주린 거인과 맞서다니!

미친 게 분명해.

아니면… 정말로 강한 하나님을 섬기고 있거나.

윙   윙

블레셋 사람들은 자기들의
용사가 죽은 것을 보자 도망쳤다.
이스라엘과 유다 사람들은
크게 소리치며 블레셋 사람들을
쫓아가 그들의 성문까지 이르렀다.

그리고 이스라엘
군대는 텅 빈 블레셋
진영을 약탈하였다.

다윗은 블레셋 사람의 머리를 예루살렘으로
가져갔으나 그 사람의 갑옷은 자기 장막에 두었다.

272   사무엘상 17:51-54

하나님께서 부리시는 악령이 사울을 압도하였다.
그는 미친 사람처럼 떠들어대기 시작했다.

내가 다윗을
저 벽에 박아
버려야겠다.

다윗은 매일 하던 것처럼 수금을 연주하여
왕과 그 주위 사람들을 진정시키려 했다.

사울의 손엔 창이 있었다.

그러나 하나님이 다윗과 함께 계셨고…

…다윗은 노련한 전사가 던진
창을 재빨리 피할 수 있었다.

그러자 사울은
다윗을 두려워했다.
하나님이 다윗과
함께 계시고 사울을
떠나셨기 때문이다.

사울은 다윗이 자신의 왕권을
위협한다고 믿고, 다른 계획을 꾸몄다.

내 아들아,
네가 나를 충성스럽게
섬겨 왔으니 너를 내 가족으로
삼고 싶구나.

이쪽은 나의 큰 딸,
메랍이란다.

나는 내 딸을
네 아내로 줄 마음이 있다.
하지만 먼저 네 능력을
보여줘야겠다.

제가 어떻게 감히 왕의 사위가 됩니까?
제 아버지의 집안은 보잘것없습니다!

너는 여호와께서 강하게
사용하시는 사람이다. 너의 용맹함이
계속 내 귀에 들려오는구나.

내 손으로 해치우는 것보다,
블레셋 사람들과 싸우다 죽게
하는 게 더 낫겠지.

그러나 사울이 그의 딸 메랍을 결혼시킬 때가 되자, 다른 남자에게 그녀를 주기로 했다.

다윗은 계속해서 하나님의 계획을 믿었다. 왕이 약속을 어긴 뒤에도 그는 계속 신실하게 사울을 섬겼다.

왕이시여, 저희가 드릴 말씀이 있습니다.

왕께서 다윗을 가까이 두고 계속 지켜보실 수 있는 방법이 아직 있습니다.

왕의 딸, 미갈이 젊은 다윗에게 반했답니다.

좋아! 다윗이 블레셋 사람들에게 죽는 것을 볼 기회가 다시 생겼군!

실망하지 마라.

네가 나의 사위가 될 두 번째 기회가 있다!

다윗에게 말하시오. "왕이 너를 정말로 좋아하고 우리도 그렇다. 왕의 제안을 받아들여 그의 사위가 되는 것이 어떠냐?"라고.

사울의 부하들이 다윗에게 이 말을 전하였으나, 다윗은 겸손하게 대답했다.

제가 어떻게 왕의 딸을 신부로 삼을 수 있겠습니까?

저는 가난하고 천한 집안 사람입니다.

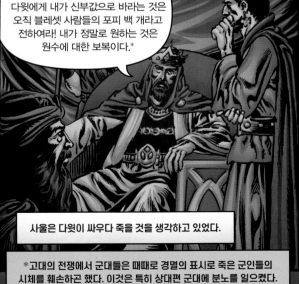

다윗에게 내가 신부값으로 바라는 것은 오직 블레셋 사람들의 포피 백 개라고 전하여라! 내가 정말로 원하는 것은 원수에 대한 보복이다.*

사울은 다윗이 싸우다 죽을 것을 생각하고 있었다.

*고대의 전쟁에서 군대들은 때때로 경멸의 표시로 죽은 군인들의 시체를 훼손하곤 했다. 이것은 특히 상대편 군대에 분노를 일으켰다.

올라가자.

왕께선 100개를 요구하셨지만 저는 왕을 위해 200개를 가져왔습니다.

사울은 하나님이 다윗과 함께하시고 또 자기 딸 미갈이 그를 얼마나 사랑하는지 알게 되자 그를 더욱 두려워하게 되었다.

사울은 남은 평생 동안 다윗의 대적이 되었다.

블레셋의 지휘관들이 공격해올 때마다
다윗은 사울의 모든 신하들보다 더 잘 대응했다.
그래서 다윗의 이름은 매우 유명해졌다.

요나단은 사울의 질투심이 더 강렬해졌음을 알게 되었다.

오후에 다윗 혼자 나에게 오게 해라.

내가 보초들에게 그를 죽이라고 지시해두었다. 그는 내 왕위를 위협하고 있다.

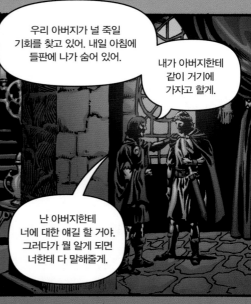

우리 아버지가 널 죽일 기회를 찾고 있어. 내일 아침에 들판에 나가 숨어 있어.

내가 아버지한테 같이 거기에 가자고 할게.

난 아버지한테 너에 대한 얘길 할 거야. 그러다가 뭘 알게 되면 너한테 다 말해줄게.

아버지의 신하 다윗에게 죄를 짓지 마세요. 그는 아버지께 해가 되는 일을 한 적이 없습니다. 언제나 최선을 다해 아버지를 도왔어요.

그가 목숨을 걸고 블레셋의 거인을 죽인 것과 하나님께서 어떻게 온 이스라엘에 큰 승리를 가져다주셨는지 잊으셨습니까?

왜 다윗처럼 죄 없는 사람을 죽이려 하십니까? 그럴 이유가 전혀 없습니다!

여호와의 살아 계심을 두고 맹세하거니와 다윗은 죽임을 당하지 않을 것이다.

나중에 요나단은 다윗을 발견하고는 모든 상황을 그에게 말해주었다.

요나단은 다윗을 사울에게 데려왔고, 다윗은 전처럼 궁정에서 섬겼다.

그 후에 다시 전쟁이 일어났다.

다윗은 자기 군대를 이끌고 블레셋과 싸웠다.
다윗이 그들을 맹렬히 공격하자 그들은 모두 도망쳤다.

전쟁에서 승리한 후 다윗은
예전처럼 사울의 왕궁으로 돌아왔다.

그러나 사울은 계속해서
질투심을 키워 갔다.

그때 갑자기 악령이 사울에게 다시 임하였다.

탁!!

얼른
도망쳐야겠다…

…안 그러면
내가 죽을 때까지
사울이 멈추지
않을 거야.

사무엘상 19:9-10

그가 아파도 상관없다!

내가 죽일 테니 그를 침상째 데려와라!

인형?

내 딸아! 네가 어째서 이처럼 나를 속이고 나의 대적이 도망치게 했느냐?

그럴 수밖에 없었어요. 내가 그를 도와주지 않으면 날 죽이겠다고 위협했단 말이에요.

그렇게 다윗은 도망쳐서 사무엘을 만나러 라마로 갔다. 그리고 사울이 자기에게 한 일을 사무엘에게 다 이야기했다.

사무엘은 다윗을 나욧으로 데려와 함께 살았다. 다윗이 라마 나욧에 있다는 있다는 소식이 사울에게 들리자, 사울은 그를 잡으러 무리를 보냈다.

사람들이 왔을 때 그들은 사무엘이 예언하는 선지자들을 이끌고 있는 것을 보았다.

이 선지자들은 악기를 함께 연주하며 하나님의 말씀을 전하였다.

병사들이 다윗을 잡으러 성에 들어왔으나 특이한 일이 일어났다.

다윗과 그의 사람들은 시골 지역을 배회하기 시작했다.
사울은 매일 다윗을 찾아다녔으나,
하나님께서 사울이 그를 발견하지 못하게 하셨다.

그러나 어느 날 진중에서 다윗을
불시에 찾아온 이가 있었다.

왕의 아들이
왔습니다.
우리가 그의 검을
빼앗았어요.

너에게 개인적으로
전할 말이 있어서 왔어.

다윗, 듣지 마세요!
그 아버지, 사울이 당신을
함정에 빠뜨리려고
보낸 겁니다.

아니오. 요나단은 전에
제 목숨을 구해줬어요. 그는
선한 의도를 갖고 있습니다.

두려워하지 마. 우리 아버지는
절대 널 찾지 못할 거야!

네 말이
하나님으로부터
오는 메시지처럼
힘이 되는구나.

넌 이스라엘의 왕이 될 거고,
난 네 옆에 있을 거야.

부디
그렇게
되길.

그러나 십 사람들이 다윗의 행방을 사울에게 알렸다.

사울 왕이여, 십 사람들이 왕을 뵙고자 합니다.

호위하여 데려오라.

너희가 원하는 게 무엇이냐?

왕께서 원하는 것과 같습니다. 이스라엘의 평화입니다.

왕에게 저항하는 모든 자들을 처리하기 전까지 이스라엘에 평화는 없을 것이다.

바로 그것이 우리가 왕을 찾아온 이유입니다.

우린 다윗이 어디에 숨어 있는지 알고 있습니다. 호레스 요새에 있습니다.

여호와께서 너희에게 복 주실 것이다!

가서 그가 어디에 머물러 있는지 다시 확인해봐라. 내가 알기로 그는 매우 교활하기 때문이다. 그가 숨어 있는 곳을 찾아내라.

사람들을 준비시켜라. 우리는 내일 마온 황무지로 간다. 여호와께서 드디어 그를 내 손에 넘겨주셨다.

사무엘상 23:19-25

내 주 왕이여!

어찌하여 제가 왕을 해치려 한다는 사람들의 말을 들으십니까?

제 부하들이 저에게 왕을 죽이라고 하였으나 왕이 여호와의 기름 부음 받은 자이기에 저는 왕을 해치지 않았습니다.

보세요, 왕의 옷자락입니다!

이스라엘 왕이 누구를 잡으려 합니까? 죽은 개입니까? 한 마리 벼룩입니까?

내 아들, 다윗이냐?

네가 악을 선으로 갚았으니, 나보다 더 낫구나.

너는 나를 죽일 수도 있었다. 네가 오늘 나에게 행한 그 일로 인해 여호와께서 너에게 상을 주시기 바란다.

나는 네가 반드시 왕이 될 거라는 걸 안다. 이제 네가 내 가족을 죽이지 않겠다고 나에게 맹세하여라.

위대한 왕이시여, 제가 맹세합니다.

하나님의 궤가 예루살렘으로
올라오고 있어. 왕은 그 궤를
그의 성 안에 둠으로써
하나님이 복을
주시리라는 걸 아는 거야.

하지만 사람들이
수레로 궤를 옮기고 있어.
모세는 제사장들이
어깨에 메고 옮겨야
한다고 했는데.

블레셋 사람들이 오래 전에 언약궤를 가져갔으나,
마침내 되찾아왔다. 그 궤는 40년 넘게 바알레유다에 있었다.

으아악!!!

그가 하나님의
궤를 손으로
만졌어!

여호와께서 웃사에게 분노를
터뜨리셨으므로 다윗은 화가 났다.

그래서 궤를 옮기지 않기로 결정했다.
대신 그것을 가드 사람
오벧에돔의 집으로 가져갔다.

다윗은 이제
여호와를 두려워했다.

하나님이 다윗과 함께하셔서 그의 대적인
블레셋, 아람, 모압, 에돔, 암몬 자손들을 이기게 해주셨다.

하나님은 다윗이 어디를 가든
승리하게 해주셨다.

그래서 다윗은 온 이스라엘을 다스렸고,
모든 백성을 위해 의롭고 옳은 일을 행하였다.
하나님이 그와 함께 계셨다.

브나야는 왕의
경호원들을 관할했다.

요압은
군사령관이었다.

여호사밧은 사관이었고,
스라야는 서기관이었다.

사독과 아히멜렉은
제사장이었다.

그리고 다윗의 아들들은
대신들로 섬겼다.

다윗은 사울과 요나단에게
했던 약속을 기억하고 있었다.

그는 요나단의 다리 저는 아들, 므비보셋을 왕궁으로 데려와
원래 그의 가족 소유였던 땅을 그에게 돌려주었다.

므비보셋은 다윗의 아들들처럼 왕의 식탁에서 식사를 했다.

여러 해가 지난 후, 다윗 왕의 생이 끝나갈 때…

당신 남편, 다윗 왕은 이제 많이 연로하십니다.

이불을 아무리 많이 덮어드려도 몸이 따뜻해지지 않습니다.

할 수 있는 일은 다 해주세요.

왕의 시중을 들 젊은 처녀를 찾아봅시다. 그녀가 왕의 품에 누워 왕을 따뜻하게 해드릴 수 있을 겁니다.

우리는 이 마지막 며칠 동안 왕을 편안하게 모시기 위해 최선을 다하겠습니다.

그들은 수넴 여자 아비삭을 찾아내어 왕께 데려왔다. 그녀는 왕의 시중을 들며 보살폈다.

그러나 왕은 그녀와 잠자리를 같이 하지 않았다.

그러는 동안 문제가 발생하고 있었다.

열왕기상 1:5-8

나단 선지자가 전할 말씀이 있다고 합니다.

들어오라고 해라.

아도니야가 스스로 왕이 되었다는 소식을 듣지 못하셨습니까? 또 우리 주 다윗 왕은 그것도 모르시지요? 당신과 당신의 아들 솔로몬의 생명을 구하고 싶다면 제 말을 따르십시오.

지금 바로 다윗 왕에게 가서 이렇게 말씀드리세요. "전에 저에게 '당신의 아들 솔로몬이 반드시 다음 왕이 될 것이라'고 맹세하지 않으셨습니까? 그런데 왜 아도니야가 왕이 된 거예요?"

그러면 제가 가서 마님이 말한 모든 것을 확증하겠습니다.

나단 선지자가 왕께 드릴 말씀이 있다고 합니다.

들어오라고 하게.

아도니야가 살찐 송아지와 양을 많이 잡았어요. 군대장관 요압이 그와 한편이 되었고요.

그가 왕위에 앉으면 내 아들 솔로몬과 나는 죄인 취급을 당할 거예요.

밧세바의 말이 맞습니다. 왕께서 신하들에게 말씀하지 않으시고 이런 일을 시행하신 것입니까?

게다가 솔로몬은 지금 왕좌에 앉아 있어요. 모든 신하들이 다윗 왕에게 가서 축하인사를 전했습니다.

우리가 아도니야와 함께 여기 있는 게 알려지면 안 돼!

얼른 거룩한 장막으로 가서 제단 뿔을 잡고 자비를 구해야겠어.

반역죄로 간주될지도 몰라. 어서 가자!

오늘 솔로몬 왕이 나를 죽이지 않겠다고 맹세하게 해주십시오!

왕의 아들이 자비를 구하고 있습니다.

그가 스스로 충성을 보인다면 그의 머리털 하나도 건드리지 않을 것이다.

집으로 가시오.

나는 이제 세상 모든 사람이 언젠가 가야 하는 곳으로 갈 것이다.

너는 힘을 내고 대장부가 되어라. 네 하나님 여호와의 명령을 지키고 그의 모든 길을 따라야 한다.

모세의 율법에 기록된 계명들을 지켜라. 그러면 네가 하는 모든 일에서 형통할 것이다. 만일 네가 이렇게 행하면 하나님이 내게 하신 약속을 지키실 것이다.

하나님은 내게 말씀하셨다. "네 자손들이 바르게 살고 나를 신실하게 따르면 항상 그중 한 사람이 이스라엘의 왕위에 앉을 것이다."

그는 하나님의 마음에 합한 사람이었어.

다윗은 헤브론에서 7년, 예루살렘에서 33년, 총 40년 동안 이스라엘을 다스렸다.

그러니까 솔로몬을 다음 왕으로 세운 다윗의 선택을 우린 믿어도 돼.

열왕기상 5:1-8 ; 역대하 2:1-12

나의 종들이 나무를 베어와 그것을 뗏목으로 엮어 바다에 띄워 보낼 것입니다. 그러면 밀과 보리와 기름과 포도주를 보내주십시오. 내 식구들을 먹일 양식을 보내주시면 됩니다.

솔로몬은 30,000명의 인력을 동원하여, 한 달에 10,000명씩 교대로 보냈다.

솔로몬은 또한 80,000명의 채석하는 자들을 두었다. 그들은 큰 돌들을 떠다가 다듬어서 성전의 기초석으로 놓았다.

솔로몬은 예루살렘 모리아 산 위에 성전을 짓기 시작했다. 그곳은 하나님께서 다윗에게 나타나신 곳이다.

건축에 사용되는 돌들은 채석장에서 다듬었고, 그래서 건축 현장에는 요란한 소리가 나지 않았다.

성전 앞에는 두 기둥을 세웠다.

하나는 야긴*, 다른 하나는 보아스**라 불렀다.

*야긴은 "그가 설립한다"는 뜻이다.

**보아스는 "그에게 힘이 있다"는 뜻이다.

여호와께서 솔로몬에게 이 메시지를 주셨다…

네가 내 법도와 율례를 다 지키면 네 아버지 다윗에게 한 약속을 너를 통해 이룰 것이다.

내가 이스라엘 자손 가운데 거하며 내 백성 이스라엘을 버리지 않을 것이다.

히람은 놋을 다루는 기술과 재능이 매우 뛰어났기에,
모든 금속 공사를 맡기 위해 왔다.

히람은 커다랗고 둥근 물통*을 만들고
그것을 소 열두 마리가 받치고 있게 만들었다.

*일명 바다 : 직경이 4.5미터였고
40킬로리터의 물을 담을 수 있었다.

그는 금 제단과 빵을 늘 차려놓는 금 상을 만들었다.

등잔대와 불집게, 대접, 불 옮기는 그릇, 향로,
그 모든 것들이 단단한 금으로 만들어졌다.

지성소로 들어가는 문은
온통 금으로 덮여 있었다.

성전을 짓는 데 7년이 걸렸다.

여호와의 언약궤가 성전 안 지성소로 옮겨질 때 솔로몬과 그의 신하들, 제사장들, 노래하는 자들, 나팔 부는 자들, 군인들, 그리고 수많은 무리들이 그 언약궤와 함께했다.

솔로몬은 성전을 건축했을 뿐만 아니라, 많은 명언들을 기록했다.

후히 나눠주어도 더욱 부유해지는 사람이 있는가 하면 인색하여도 모든 것을 잃는 사람이 있다.

사람들이 오래 살 때는 인생의 모든 날을 즐겨라. 그러나 어두운 날들이 많을 것임을 또한 기억해야 한다. 다가올 모든 일들은 다 헛되다.

나의 마지막 결론은 이것이다. 하나님을 두려워하고 그의 명령들에 순종하여라. 이것은 모든 사람의 의무이다.

하나님은 우리가 하는 모든 일들, 선하든 악하든 모든 은밀한 일들까지 다 심판하실 것이다.

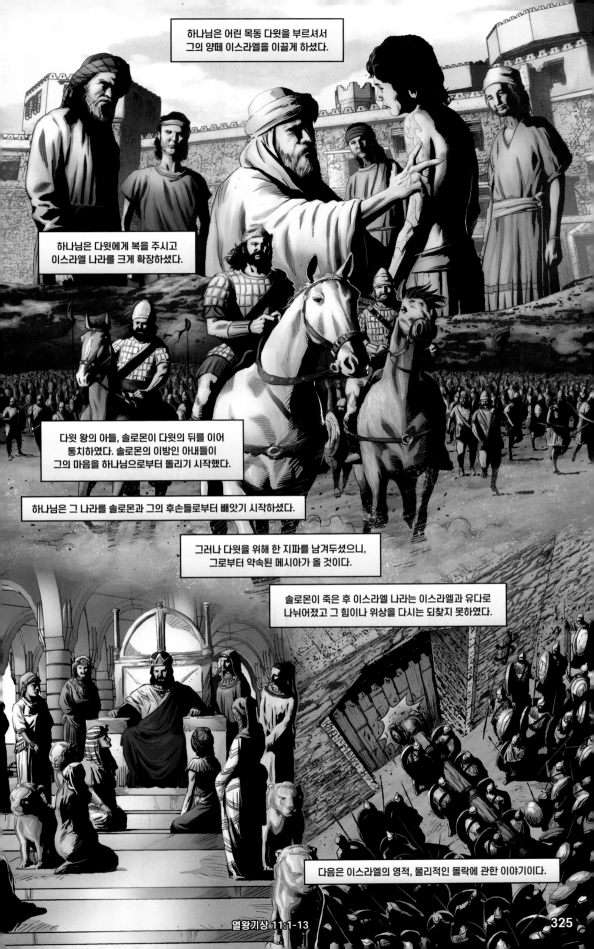

솔로몬이 죽은 후, 그의 아들 르호보암이 세겜으로 갔다. 그곳에는 온 이스라엘 사람들이 그를 왕으로 삼기 위해 모여 있었다.

반역한 지도자 여로보암이 애굽에 잡혀갔다가 막 돌아왔다.

이스라엘 지도자들은 여로보암에게 같이 가서 르호보암에게 이야기를 해보자고 했다.

왕의 아버지는 냉혹한 왕이었습니다.

왕의 아버지께서 부과한 가혹한 요구들과 세금을 가볍게 해주십시오. 그러면 우리가 왕의 충신이 되겠습니다.

내게 3일만 생각할 시간을 주시오. 그다음에 돌아와서 답을 하겠소.

당신들은 내 아버지 솔로몬에게 조언을 해주었던 자들이오. 내게 어떤 조언을 해주겠소? 내가 이 사람들에게 어떻게 대답해주어야겠소?

왕께서 오늘 이 백성들을 섬기는 자가 되어 그들에게 호의적인 답을 해주신다면 그들이 항상 왕께 충성할 것입니다.

그러나 르호보암은 나이 많은 조언자들의 충고를 거절했다…

…대신 젊은 친구들을 신뢰했다.

당신들은 어떤 조언을 해주겠소?

저 늙은이들의 말을 듣지 마십시오.

부담을 덜어달라고 불평하는 자들에게는 이렇게 말해야 합니다…

"내 아버지는 당신들에게 무거운 짐을 지웠으나, 나는 그 짐을 더 무겁게 할 것이오!

내 아버지는 당신들을 가죽 채찍으로 때렸으나 나는 쇠 채찍으로 치겠소!"

좋아. 저들이 날 두려워할 필요가 있어.

3일 뒤…

왕의 답은 무엇입니까?

나의 결정은 이렇소…

내 아버지는 당신들에게 무거운 짐을 지웠으나 나는 그 짐을 더 무겁게 할 것이오!

내 아버지는 당신들을 가죽 채찍으로 때렸으나 나는 쇠 채찍으로 치겠소!

다윗 왕조를 타도하라!

우리는 더 이상 당신의 통치를 받지 않을 것이오!

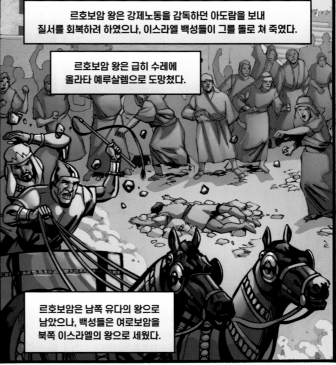

르호보암 왕은 강제노동을 감독하던 아도람을 보내 질서를 회복하려 하였으나, 이스라엘 백성들이 그를 돌로 쳐 죽였다.

르호보암 왕은 급히 수레에 올라타 예루살렘으로 도망쳤다.

르호보암은 남쪽 유다의 왕으로 남았으나, 백성들은 여로보암을 북쪽 이스라엘의 왕으로 세웠다.

르호보암과 여로보암이 죽은 후 다른 왕들이 유다와 이스라엘을 통치했다. 그들 대부분은 하나님을 따르지 않았다.

이 왕들 중 한 사람이 22년 동안 이스라엘을 통치했던 오므리의 아들 아합이었다. 그는 하나님 보시기에 악을 행하였으니…

…그 이전의 어느 왕보다 더했다.

그는 바알을 숭배하여 절하고, 온 이스라엘에 바알 숭배를 장려하기 시작했다.

여기 사마리아에 바알 신전을 다 짓고 나면 이스라엘의 온 도시에 신전을 짓자.

예, 폐하.

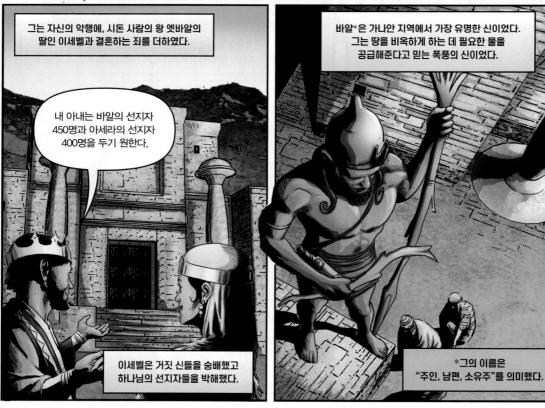

그는 자신의 악행에, 시돈 사람의 왕 엣바알의 딸인 이세벨과 결혼하는 죄를 더하였다.

내 아내는 바알의 선지자 450명과 아세라의 선지자 400명을 두기 원한다.

이세벨은 거짓 신들을 숭배했고 하나님의 선지자들을 박해했다.

바알*은 가나안 지역에서 가장 유명한 신이었다. 그는 땅을 비옥하게 하는 데 필요한 물을 공급해준다고 믿는 폭풍의 신이었다.

*그의 이름은 "주인, 남편, 소유주"를 의미했다.

열왕기상 17:1-6

329

땅에 비가 내리지 않으니 얼마 후 시내가 말랐다.

시돈 근처 사르밧 마을로 가서 지내라. 내가 그곳의 한 과부에게 너를 먹이라고 일러두었다.

저에게 물 한 잔만 주시겠습니까? 떡도 조금 주시면 좋겠습니다.

제게 있는 거라곤 통에 든 밀가루 한 움큼과 병에 조금 남아 있는 기름뿐입니다.

오늘 마지막 음식을 만들어 먹으려고 나뭇가지들을 줍고 있었어요. 그다음에 아들과 함께 죽으려 합니다.

두려워하지 말고, 어서 가서 당신이 말한 대로 하세요.

단, 먼저 저를 위해 작은 떡 한 개를 만들어주십시오. 그다음에 남은 재료들로 당신들이 먹을 음식을 준비하세요.

이스라엘의 하나님 여호와께서 이렇게 말씀하셨기 때문입니다. "나 여호와가 비를 내려 곡물이 다시 자라게 할 때까지 밀가루와 기름이 항상 통에 남아 있을 것이다!"

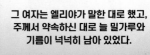

그 여자는 엘리야가 말한 대로 했고, 주께서 약속하신 대로 늘 밀가루와 기름이 넉넉히 남아 있었다.

아합 왕의 아내, 이세벨은 여호와의 선지자들을 미워하여 그들을 죽이려 했다. 그러나 아합의 종 오바댜가 그녀의 계획을 들었다.

어서 저를 따라오세요!

제가 두 개의 굴에 음식과 물을 준비해 놓았습니다.

여러분 중 50명은 여기에 숨고 나머지 50명은 옆에 있는 굴에 숨어 계십시오.

당신이 우리를 지켜주었으니, 하나님이 당신에게 복을 주실 것이오.

저도 이세벨의 진노를 피하려면 하나님의 복이 필요할 겁니다.

오바댜!

가뭄이 계속되니 어쩌면 좋으냐? 이 땅의 모든 샘과 골짜기를 살펴 내 말들을 먹일 풀이 충분한지 알아봐야겠다. 어쩌면 이 문제를 일으킨 자, 엘리야도 찾을 수 있겠지.

예, 임금님.

너는 이쪽으로 가라. 나는 저쪽으로 갈 테니.

아, 안 돼…

선생님이 정말 엘리야입니까?

그래. 이제 가서 네 주인에게 "엘리야가 여기 있다"고 말해라.

제가 죽기를 원하십니까? 왕은 선생님을 찾기 위해 온 땅을 샅샅이 뒤졌습니다.

하지만 제가 여기를 떠나는 순간, 분명 여호와의 영이 선생님을 데려가실 겁니다. 그러면 왕께서 저를 살려두지 않으실 거예요.

내가 전능하신 여호와를 두고 맹세하니, 오늘 내가 아합에게 모습을 드러낼 것이다.

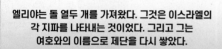

엘리야는 돌 열두 개를 가져왔다. 그것은 이스라엘의
각 지파를 나타내는 것이었다. 그리고 그는
여호와의 이름으로 제단을 다시 쌓았다.

그는 제단을 둘러싼 도랑을 팠다.

지금
뭐 하는 거지?

큰 병에 물을 가득 담아
번제물과 나무 위에
부으시오.

저렇게
바보 같은 짓을
하다니.

미쳤군.
이게 될 리가
없잖아.

오, 아브라함과 이삭과 야곱의 하나님 여호와여, 주께서 이스라엘 중에서 하나님이신 것과 제가 주의 종인 것을 오늘 입증하여 주옵소서. 제가 주의 말씀대로 이 모든 일을 행한 것을 입증하여 주옵소서.

오, 여호와여, 제게 응답하소서! 제게 응답하여서 이 백성들이 주 여호와는 하나님이신 것과 주께서 그들의 마음을 돌이키신 것을 알게 하옵소서.

사람 손 만한 작은 구름이 일어나고 있습니다.

가서 아합에게 말해라. "마차를 타고 집으로 가십시오. 서두르지 않으시면 비 때문에 막힐 것입니다!"

이 비가 어디서 왔을까요?

서둘러 내 궁전으로 돌아가자. 그렇지 않으면 이 비 속에 갇혀버릴 것 같다!

보십시오. 선지자가 우리보다 앞서서 이스르엘로 달려가고 있습니다.

하나님께서 엘리야에게 특별한 힘을 주셨다. 그는 아합의 마차보다 앞서서 이스르엘 입구까지 달려갔다.

전해진 소식들은 모두 사실이오!

엘리야가 하나님으로부터 불이 내려오게 했고, 그다음에 당신의 선지자들을 모두 죽였소.

엘리야는 왕의 온 집안이 바알신을 버리길 바랐으나, 이세벨은 그 대신 그에게 메시지를 보냈다.

엘리야에게 전해라. "내일 이맘때까지 네가 그들을 죽인 것처럼 내가 널 죽이지 않는다면, 신들이 내게 벌을 내리시고 나를 죽일 것이다."

불이 난 후에 부드럽고
조용한 소리가 들렸다.

엘리야는 그 소리를 듣고
자기 옷으로 얼굴을 가리고
나가 굴 어귀에
서 있었다.

엘리야야,
네가 여기서
뭘 하고 있느냐?

저는 전능하신
하나님 여호와를 위해
일해 왔습니다.
하지만 이스라엘 사람들은
하나님과의 언약을 어겼고
주의 제단을
헐어버렸습니다.

그들은
여호와의 선지자들을
모두 죽였습니다.
저만 홀로 남았는데,
이제는 저도
죽이려고 합니다.

너는
왔던 길로
돌아가라.

다메섹에 도착하면
예후에게 기름을 부어
아합 대신 이스라엘의 왕이
되게 하여라.

그다음에
엘리사에게 기름을 부어
너 대신 나의 선지자로
세워라.

내가 바알에게
무릎 꿇지 않고
입맞추지 않은
7,000명을 이스라엘에
남겨둘 것이다!

열왕기상 19:12-18

엘리야는 가서 밭을 갈고 있는 엘리사*를 발견했다. 밭에는 열두 겨릿소가 있었고, 엘리사는 열두 번째 겨릿소와 함께 밭을 갈고 있었다.

*엘리사의 이름은 "여호와는 구원이시다"라는 뜻이다.

당신은 나를 대신하여 여호와의 선지자로 선택받은 자요.

먼저 제 아버지와 어머니에게 가서 작별인사를 한 뒤에 따라가겠습니다!

돌아가시오. 다만 내가 한 말에 대해 잘 생각해보시오.

내일 저는 엘리야 선지자를 돕기 위해 떠납니다.

네가 하나님께 헌신하였구나. 그를 신실하게 섬기기를 바란다.

엘리사는 몇 년 동안 엘리야를 섬겼다.

요단강

첨벙!

내가 떠나기 전에 널 위해 뭘 해주랴?

스승님의 영적 능력을 두 배로 물려받게 해주십시오.

참 어려운 걸 구하는구나.

만일 내가 떠나는 것을 네가 본다면, 네가 구한 것을 받게 될 것이다.

하지만 그렇지 않다면, 그것을 받지 못할 것이야.

그들이 함께 걸으며 이야기를 나눌 때 갑자기 불말들이 이끄는 불병거가 나타났다. 그것이 두 사람 사이로 들어와 둘을 갈라놓았다.

엘리사는 엘리야의 겉옷을 주워
엘리야의 후계자가 되었다.

아람 왕은 군대 장관 나아만을 매우 총애하였다. 하나님께서 그를 통해 아람에게 큰 승리를 안겨주셨기 때문이다.

그러나 나아만은 나병 환자였다.

그의 아내에게 하녀가 한 명 있었는데, 이스라엘에서 잡혀온 포로였다.

우리 주인님이 사마리아에 계신 선지자를 만나 뵈러 가시면 좋겠습니다.

그분이 나병을 고쳐줄 거예요.

나아만은 은 340킬로그램과 금 68킬로그램과 옷 10벌을 가지고 떠났다.

우리 주인께서 이렇게 말씀하셨습니다. "가서 요단 강에 몸을 일곱 번 씻으십시오. 그러면 피부가 회복되고 나병이 나을 것입니다."

적어도 그가 직접 나를 만나러 나올 줄 알았다! 나병 부위에 손을 얹고 여호와 하나님의 이름을 부르며 내 병을 고쳐주어야 하는 것 아닌가!

다메섹의 강들이 이스라엘의 강들보다 더 낫지 않냐? 무슨 이유로 거기서 몸을 씻어야 병이 낫는다는 거냐?

장군님, 만약 선지자께서 아주 어려운 일을 하라고 했어도 그대로 하지 않으셨겠습니까?

그가 단순히 "가서 씻으면 나을 것이다" 라고 했으니 그 말대로 해보십시오.

좋다.

그래서 나아만은 하나님의 사람이 알려준 대로 요단 강으로 내려가 일곱 번 몸을 담갔다.

어떻게 이런 일이!

내 피부가 어린아이 피부처럼 건강해졌어!

이스라엘의 신이 진짜 신이구나.

내가 이제 이스라엘 외에는 온 세상에 신이 없다는 것을 알았습니다.

당신의 종이 드리는 선물을 받아주십시오.

내가 섬기는 여호와께서 살아 계심을 두고 맹세하노니, 내가 어떤 선물도 받지 않겠습니다.

당신은 제 병을 고치는 큰 기적을 행하셨습니다.

이스라엘의 하나님 여호와께서 당신을 고쳐주신 것입니다.

그러면 이곳의 흙을 저의 노새 두 마리에 싣고 집으로 가져가게 해주십시오. 이제부터 제가 다시는 여호와 외의 다른 신에게 번제물과 희생 제사를 드리지 않겠습니다.

평안히 가십시오.

다만 이 한 가지는 주께서 저를 용서해주시기 바랍니다. 제가 모시는 왕께서 림몬의 신당에 들어가 절을 할 때 저의 팔을 의지하시므로…

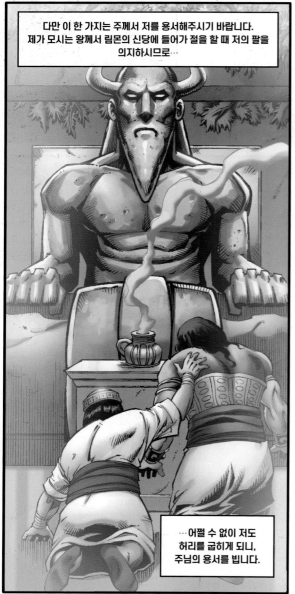

…어쩔 수 없이 저도 허리를 굽히게 되니, 주님의 용서를 빕니다.

이 아람 사람의 선물을 하나도 받지 않고 그냥 보내시다니.

안 되겠다. 내가 쫓아가서 뭐라도 받아와야겠어.

평안하시지요?

네, 평안합니다.
그런데 주인님께서
지금 막 에브라임 산지에서 온
두 젊은 선지자들에게

은 한 달란트와
옷 두 벌을 주면
좋겠다고 하십니다.

아무렴요,
은 두 달란트를
드리겠습니다.

아, 그리고
저의 부하들이 들고 가게
하겠습니다.

여기에 다 두고
이만 돌아가세요.

게하시야,
어딜 갔다 왔느냐?

아무데도
가지 않았습니다.

나아만이 수레에서
내려 너를 맞이할 때
내 마음이 거기에
함께 있었다는 걸
모르느냐?

지금이 돈과 옷을 받고,
감람원과 포도원과 양과 소와
남종과 여종을 받을 때이냐?

네가 이렇게 하였으니,
너와 네 자손들이
영원히 나아만의 나병을
앓게 될 것이다.

열왕기하 11:1-4

요아스는 평생 여호와 보시기에 정직하게 행하였다. 제사장 여호야다가 그를 가르쳤기 때문이다. 그러나 그럼에도 그는 이방 산당들을 없애지 않았고, 백성들은 여전히 그곳에서 제물을 바치고 분향을 했다.

요아스왕은 제사장들에게 지시하였다…

사람들이 여호와의 성전에 바치는 모든 돈을 모으시오. 제사장들은 그중 일부를 성전의 파손된 부분을 수리하는 데 쓰도록 하시오.

그러나 몇 년 후, 제사장들은 여전히 성전을 수리하지 않았다.

왜 성전을 수리하지 않았소?

더 이상 당신들의 필요를 위해 돈을 쓰지 마시오. 이제부터는 모두 성전을 수리하는 데 써야 합니다.

여호야다는 큰 궤의 뚜껑에 구멍을 냈다.

그는 그것을 여호와의 성전 입구에 두었다.

저희가 다시는 돈을 받지 않겠습니다. 그리고 다른 사람들이 책임지고 성전을 수리하게 하겠습니다.

BC 793년경 요아스의 아들 여로보암 2세가 이스라엘을 다스리기 시작했다.

그는 잃어버린 이스라엘 영토들을 되찾았다. 여호와께서 이스라엘 모든 백성들의 심한 고통을 보시고, 여로보암 2세를 사용하여 그들을 구원하셨기 때문이다.

여로보암 2세의 아들 스가랴가 차기 왕이 되었다. 그 또한 악을 행하였고, 겨우 6개월 동안 통치했다.

그러나 이스라엘 백성들은 그들을 원수들에게서 구원해주신 하나님의 은혜에 응답하지 않았다.

그들은 여호와 보시기에 악을 행하였다.

살룸이 스가랴를 암살하고 이스라엘의 왕이 되었으나, 그는 겨우 한 달 동안 통치하였다.

므나헴이 살룸을 암살하고 차기 왕이 되었다.

므나헴은 잔혹했다.

그는 디르사에서 와서 딥사와 그 주변을 모두 멸하였으니, 그곳 사람들이 성을 내어주지 않았기 때문이다.

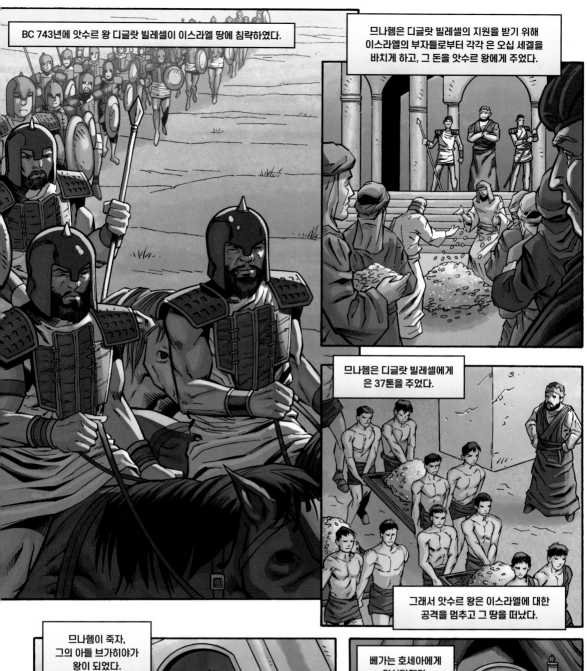

BC 743년에 앗수르 왕 디글랏 빌레셀이 이스라엘 땅에 침략하였다.

므나헴은 디글랏 빌레셀의 지원을 받기 위해 이스라엘의 부자들로부터 각각 은 오십 세겔을 바치게 하고, 그 돈을 앗수르 왕에게 주었다.

므나헴은 디글랏 빌레셀에게 은 37톤을 주었다.

그래서 앗수르 왕은 이스라엘에 대한 공격을 멈추고 그 땅을 떠났다.

므나헴이 죽자, 그의 아들 브가히야가 왕이 되었다.

그러나 그의 군대 장관 베가가 왕을 암살하고 자기가 왕위에 올랐다.

베가는 호세아에게 암살당했다.

호세아는 고대 이스라엘의 마지막 왕이 되었다.

앗수르 왕 살만에셀이
호세아 왕을 공격하자,
호세아는 앗수르에
공물을 바쳐야만 했다.
그러나 호세아는
앗수르의 손에서
벗어나려고 애굽 왕 소에게
도움을 청했다.

그리고 호세아는 해마다 드리던
조공을 드리지 않았다.

이에 살만에셀이 온 땅을 침략하였고,
3년 동안 사마리아를 포위하였다.

그는 호세아를 잡아
감옥에 가두었고,
이스라엘 백성들은
앗수르로 끌려갔다.

이 재앙이 이스라엘 백성들에게 닥친 이유는
그들이 다른 신들을 숭배하고
그들의 하나님 여호와께 죄를 범했기 때문이다.

그들은 여호와께서 그들 앞에서 쫓아내신
이방 나라들의 규례를 따랐다.

여호와께서 이스라엘에게
매우 분노하셨으므로
그들을 그의 앞에서 제거하신 것이다.

오직 유다 지파만 그 땅에 남게 되었다.
그러나 그들도 그들의 하나님 여호와의 명령을 지키지 않았다.

BC 728년에 히스기야가 유다를 다스리기 시작했다.

그는 하나님을 믿었고 이방 산당들을 없앴다.

모세가 만든 놋뱀을 부쉈다. 이스라엘 백성들이 그 놋뱀에게 제사를 드려 왔기 때문이다.

여호와께서 그와 함께하시므로 그가 하는 일마다 모두 형통하였다.

히스기야가 14년을 통치한 후, 앗수르 왕 산헤립이 유다의 성읍들을 쳐서 점령하였다.

히스기야는 공물을 보냈다.

그는 여호와의 성전과 왕국 곳간에 있던 은을 다 주었고, 심지어 여호와의 성전 문에서 금을 벗기기까지 했다.

그럼에도 불구하고 앗수르 왕은 큰 군대와 함께 그의 최고 사령관들을 보내어 예루살렘에 있는 히스기야 왕과 맞서게 하였다.

히스기야의 신하들이 그들을 맞으러 나갔다.

이것은 앗수르의 위대한 왕께서 전하는 말씀이다. "네가 무엇을 믿고 그렇게 자신만만하냐?

애굽? 네가 부러진 갈대 지팡이 같은 애굽을 의지한다면 그것을 붙드는 네 손만 찔리게 될 것이다.

아니면 네 하나님 여호와를 의지하느냐? 히스기야가 산당과 제단들을 다 없애지 않았느냐?*

누구를 믿고 나에게 반역을 하였느냐?

*히스기야가 없앤 것은 여호와의 제단이 아니었다. 그것은 바알과 아세라의 거짓 신들을 위한 산당이었다.

내 주 앗수르 왕과 내기를 해라. 네가 말을 탈 사람들을 찾을 수 있다면 내가 말 2천 필을 주겠다!

너의 작은 군대로 애굽의 도움을 받는다 한들 어찌 내 주의 군대에 도전할 생각이나 할 수 있겠느냐?

열왕기하 19:5-19

367

이사야가 히스기야에게 이 메시지를 보냈다.

하나님께서 산헤립에 관한 왕의 기도를 들으셨습니다.

여호와께서 그에 대해 이렇게 말씀하셨습니다.

너는 이스라엘의 거룩한 자를 비방하였다!

너는 "내가 많은 병거를 거느리고 가장 높은 산들을 정복하였다"고 말했다.

그러나 나는 오래 전에 이 결정을 했다.

나는 네가 성들을 멸하여 돌무더기로 만들도록 계획하였다.

너의 오만함 때문에 나는 네가 온 길로 돌아가게 할 것이다.

앗수르 군대의 왕은 예루살렘에 들어오지 못할 것이다.

내가 나와 나의 종 다윗을 위해 이 성을 지키고 보호할 것이다.

그날 밤 여호와의 천사가 앗수르 진영에 가서
앗수르의 군사 185,000명을 죽였다.

살아남은 앗수르인들이 다음날 아침
눈을 떠 보니 사방에 시체들이 있었다.

산헤립 왕은 진영을 철수하고
자기 나라로 돌아갔다.

어느 날 그가 그의 신 니스록의 신전에서 경배하고 있을 때
그의 아들 아드람멜렉과 사레셀이 그를 칼로 쳐죽였다.

그들은 아라랏 땅으로 도망쳤고,
또 다른 아들, 에살핫돈이 앗수르의 차기 왕이 되었다.

BC 588년에 바벨론의 느부갓네살 왕이 그의 모든 군대를 이끌고 예루살렘을 공격했다.

시위대장 느부사라단은 여호와의 성전과 왕궁과 예루살렘의 모든 집들을 불살랐다.

시드기야와 그의 군사들은 밤에 도망을 쳤으나, 바벨론 군대가 여리고 평지에서 왕을 따라잡았다.

그의 아들들이 다시는 반역하지 못하도록 그의 아들들을 죽여버려라. 그것이 시드기야가 두 눈을 뽑히기 전에 보는 마지막 장면이 될 것이다.

느부사라단은 성에 남아 있던 사람들을 다 잡아갔다.

그래서 70년 동안 바벨론의 포로로 살아간 바벨론 유수가 시작되었다.

…바벨론-고대 세계의
7대 불가사의 중 한 곳이었다!

아스부나스는 건강하고 잘생긴 청년들,
모든 학문에 능하고 뛰어난 지식과 판단력을 가진
청년들을 데려와 왕궁에서 섬기게 했다.

저 유대인들을 보시오.

나도 봤소. 드디어 우리가 기다리던 기회가 왔소!

사드락! 메삭! 아벳느고!

머리 숙여 숭배하지 않는 자는 즉시 뜨거운 풀무불에 던져질 것이다.

이 유대인들은 정말 바보들이군.

그들은 죽고 말 거야.

다니엘 3:24-25

느부갓네살 왕이 가져온 성전 그릇들을 꺼내와라.

고레스는 창고지기에게 그 그릇들을 세라고 했다. 금과 은으로 된 그릇들이 모두 5,400개였다.

포로들이 바벨론에서 예루살렘으로 갈 때 그 그릇들도 모두 가져갔다.

고레스 왕은 세스바살이라는 사람에게
포로들을 인도하도록 명령했다.

스룹바벨이라는 사람이
예루살렘에서 그들의
총독이 되었다.

그는 왕은 아니었으나 다윗 왕의
후손이었고 여호야긴 왕의 손자였다.

수레를 꽉 채우시오.
긴 여행이
될 것입니다.

하나님은 유대인들이 우상을 숭배했기 때문에
70년 동안 바벨론 왕을 섬기게 될 거라고 말씀하셨다.

BC 536년에 유대인의 성전을 재건하라는 고레스 왕의
칙령에 응하여, 약 50,000명의 유대인들이 유다에 도착했다…

…그들이 포로로 잡혀간 지 70년 만이었다.

예레미야 25:4-11 ; 에스라 1:7 ; 2:2,64-65

가장들은 하나님의 성전 재건을 위한 예물을 드렸다.

우리 아이들이 여기서 예배를 드리고 하나님을 두려워하는 것이 무엇인지 알게 되기를 원합니다.

그들은 모두 금화 512킬로그램, 은 2855킬로그램을 내놓았다.

그들은 스룹바벨과 장로들에게 예물을 가져왔다.

이제 작업을 시작할 수 있겠군.

유대인들이 바벨론에 있는 동안 앗수르와 바벨론의 왕들은 다른 나라 사람들을 데려와 그 땅을 차지하게 했다.

그들은 자기들만의 방식과 섬기는 신들이 있었다.

그들은 유대인들을 위협적인 존재로 여겼다.

그들은 우리의 생활 방식을 바꿀 거야.

주변 사람들에 대한 두려움에도 불구하고, 이스라엘인들은 오래 전 하나님이 명하신 대로 행하였다. 즉 그들은 하나님께 제사를 드리기 시작했다.

그들은 저주받은 자들이야. 그러니까 그들의 신이 이 땅에서 그들을 내쫓았겠지.

우리가 번제를 드리면 이곳 주민들이 화가 날 거야. 게다가 그들은 우리보다 수도 많잖아.

우린 하나님이 시키시는 대로 하고 있어. 하나님이 우리를 보살펴주실 거야.

돌아온 포로들이 성전을 짓고 있다는
소식을 유대인의 대적들이 들었다.

이방인들은 다른 신들처럼
히브리의 하나님께도
예배를 드렸다.

우리도 당신들과
함께 성전을
짓겠습니다.

당신들은 이
일에 참여할 수
없습니다.

이스라엘의
하나님, 여호와를 위한 성전은
우리가 지을 것입니다.

그 땅 거주자들은 포로들이 성전 짓는 일을 방해했다.
그들은 아닥사스다 왕에게 편지를 썼다.

"바벨론에서 여기
예루살렘으로 온 유대인들이
이 패역하고 악한 성읍을
재건하고 있습니다. 만일
이 성이 재건된다면 그들은 조공을
바치지 않을 것입니다. 기록물을
찾아보시면, 그들이 과거에
반역한 일을 알게 되실 겁니다."

나는 반란을
용인하지 않을
것이다.

이 편지를 보내라.
유대인들의 일을 당장
중단시켜야 한다.

예루살렘 성전을 짓는 일은
16년 동안 중단되었다.

그렇게 그들은 그들의 일을 계속했고, 학개와 스가랴 선지자의 설교에 큰 용기를 얻었다. 드디어 성전이 완공되었다.

정말 보고 싶었다!

하지만 네 말을 들으니 너무 슬프구나.

내가 하나님의 인도를 구하는 동안 나를 위해 기도해주시오.

오, 하늘의 하나님, 여호와, 크고 두려우신 하나님이여, 저의 기도를 들으소서! 주의 백성 이스라엘을 위해 밤낮으로 기도하는 저를 굽어 보시옵소서.

저희가 하나님께 죄를 범했습니다. 주께서 주의 종 모세를 통해 우리에게 주신 계명들을 지키지 않음으로 우리가 큰 죄를 범하였습니다.

부디 주께서 주의 종 모세에게 하신 말씀을 기억해 주옵소서. "너희가 땅 끝까지 쫓겨날지라도 내가 너희를 데려올 것이다."

기쁘게 주님을 경외하는 자들의 기도를 들으소서. 부디 오늘 제가 왕에게 자비를 입게 해주시옵소서.

기도를 마친 후 느헤미야는 한 가지 계획을 세웠다.

그래, 내가 널 어떻게 도와줄 수 있겠느냐?

하늘의 하나님, 주의 백성을 돕기 위해 저에게 할 말을 주옵소서.

왕이 만일 좋게 여기시고, 또 주의 종인 저를 흡족히 여기신다면, 저를 유다로 보내어 저의 조상들의 묘실이 있는 성을 재건하게 하옵소서.

느헤미야 2:4-5

BC 445년

왕은 느헤미야의 요청을 들어주었다.
하나님의 은혜로운 손이 그를 도왔기 때문이다.

저기 보세요!
아닥사스다 왕이
기병대까지
보내주시네요!

예루살렘으로 가는
3개월간의 여정을 위해
하나님이 준비해주신
것이오. 우린 그들이
필요할 거요.

그러나 예루살렘에는
이스라엘 백성들을 도우러
누군가가 왔다는 것을
매우 못마땅해 하는
두 사람이 있었다.

도비야는 요단강 동쪽 지역을 다스렸다.

산발랏은
사마리아의 총독 중
한 사람이었다.

그들이 전에
건축을 하다가 중단했는데,
지금 아닥사스다 왕이 성벽
재건을 허락하신 것이오.

그러니 유대인들을
공격하는 것은 곧
아닥사스다 왕을
공격하는 것과 마찬가지요.

우린 창의력을
발휘해야 할 거요.
유대인들이 절대 재건을
할 수 없게 만들어야 하오.

느헤미야 2:7-10

415

우리가 어떤 곤경에 처해 있는지 여러분은 잘 알고 있습니다.

예루살렘은 폐허가 되고 성문들은 불탔습니다.

지금 우리는 모두 적군들의 손에 휘둘리고 있습니다.

지금은 하나님의 거룩한 은혜를 입은 때입니다.

아닥사스다 왕이 직접 우리가 재건을 해도 된다고 결정하셨습니다.

심지어 재목을 얻기 위해 왕의 숲에 들어갈 수 있게 허락해주셨습니다.

예루살렘 성벽을 재건하여 이 치욕을 끝냅시다!

성벽을 재건합시다!!!

느헤미야 2:8,17-18

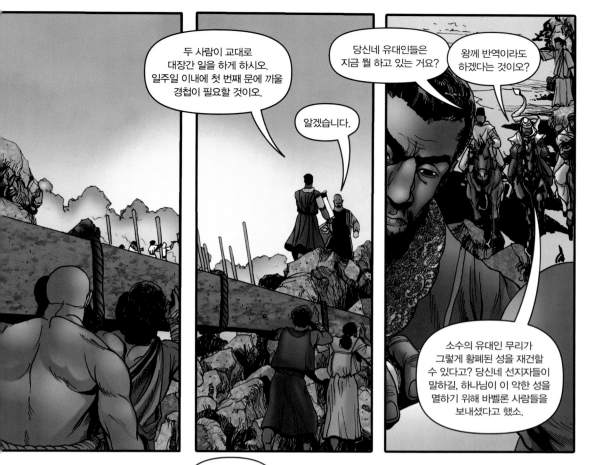

두 사람이 교대로 대장간 일을 하게 하시오. 일주일 이내에 첫 번째 문에 끼울 경첩이 필요할 것이오.

알겠습니다.

당신네 유대인들은 지금 뭘 하고 있는 거요?

왕께 반역이라도 하겠다는 것이오?

소수의 유대인 무리가 그렇게 황폐된 성을 재건할 수 있다고? 당신네 선지자들이 말하길, 하나님이 이 악한 성을 멸하기 위해 바벨론 사람들을 보내셨다고 했소.

하나님은 이제 재건할 때라고 말씀하셨소. 우리의 70년간의 포로 생활은 끝났소.

이제 새 마음으로 우리 성에 돌아온 것이오.

당신들은 건축을 해서 우리 나라의 평화를 방해할 권리가 없소. 우리의 수가 훨씬 더 많소. 필요하다면 당신들을 막기 위해 무력을 사용할 것이오.

느헤미야 2:20

그렇게 작업이 시작되었다.

이스라엘 사람들은 가족, 씨족, 그룹으로 함께 일했다.

아들아, 이 날을 기억해라. 나중에 네 손주들에게 네가 예루살렘 성벽 재건을 도왔다고 말할 수 있을 거다.

보세요! 대제사장 엘리아십도 성벽 재건을 돕고 있어요.

다른 제사장들도 일하고 있어!

제사장들이 일할 수 있다면 모든 백성이 일을 해야 마땅하지.

귀족들은 백성들의 집과 밭에 높은 금리를 부과했고, 이것은 일의 진척을 방해했다.

느헤미야는 조직적으로 작업을 설계했다.

사람들은 재건해야 할 문과 성벽의 한 부분을 배정받았다.

그들이 재건을 시작한 지
52일 만에 성벽이 완성되었다.

그들의 대적들과 주변 나라들은 그 소식을 듣고
두려워하며 굴욕감을 느꼈다. 그들은 이 일이
하나님의 도우심으로 이루어졌다는 것을 깨달았다.

느헤미야 6:15-16

이 날에 백성들은 많은 제물을 바쳤으니, 하나님께서 그들에게 큰 기쁨을 주셨기 때문이다.

찬송하는 두 무리가 성벽 위로 행진했고, 제금과 비파와 수금이 함께했다. 일부 제사장들은 나팔을 불었다.

보라.

이것이
네 입에 닿았다.

네 악이
제거되었다.

네 죄가
사하여졌다.

그때 여호와께서 이렇게
물으시는 것을 들었다…

내가
이 백성들에게
누구를 보낼까?

누가 우리를
위하여 갈까?

제가 여기
있습니다. 저를
보내주옵소서.

가서 이 백성에게
전하여라. "주의 깊게 들으라,
그러나 이해하지 못할 것이다.
유심히 보라, 그러나 아무것도
알지 못할 것이다."

이 백성들의 마음을
둔하게 하라. 그들의 귀가
막히고 눈이 감기게 하라.

이사야 6:10-13 ; 이사야 1:1-17

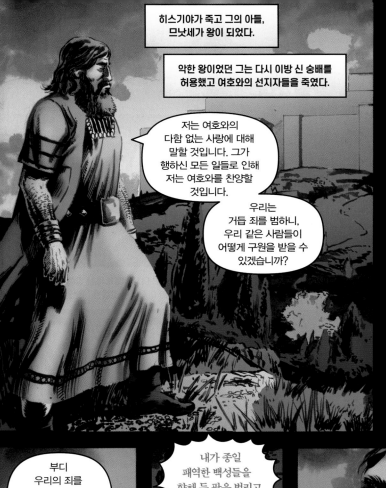

히스기야가 죽고 그의 아들, 므낫세가 왕이 되었다.

악한 왕이었던 그는 다시 이방 신 숭배를 허용했고 여호와의 선지자들을 죽였다.

저는 여호와의 다함 없는 사랑에 대해 말할 것입니다. 그가 행하신 모든 일들로 인해 저는 여호와를 찬양할 것입니다.

우리는 거듭 죄를 범하니, 우리 같은 사람들이 어떻게 구원을 받을 수 있겠습니까?

우리는 죄에 물든 사람들입니다. 우리의 모든 의는 더러운 옷에 불과합니다. 우리는 진흙이요 주는 토기장이이십니다.

부디 우리의 죄를 영원히 기억하지 마옵소서. 우리가 모두 주의 백성임을 잊지 마옵소서.

주여, 계속 침묵하실 것입니까?

내가 종일 패역한 백성들을 향해 두 팔을 벌리고 있었다.

하늘은 나의 보좌요 땅은 나의 발판이다. 나는 겸손하고 깊이 뉘우치는 마음을 가진 자들에게 복을 줄 것이다.

예루살렘과 함께 기뻐하라! 여호와가 불과 칼로 세상을 벌할 것이다. 나의 새 하늘과 새 땅이 항상 있는 것같이…

…너희는 항상 나의 백성이 될 것이다. 모든 혈육이 내 앞에 나아와 예배할 것이다.

몇몇 사람들은 므낫세가 이사야를 죽였다고 믿었다.

그러나 이사야의 삶의 자세한 부분들이 대부분 알려지지 않은 것처럼 그의 죽음에 대해서도 상세히 알려진 바가 없다.

이사야의 예언들처럼, 유다는 결국
정복당하고 포로로 잡혀갔다.

그리고 바벨론의 포로들은
이사야의 말씀에서 위안을 얻었다.

"주 여호와께서 강한 자로
임하실 것입니다.
그가 목자같이 양 떼를
먹이실 것입니다."

물론 하나님이 이사야에게 주신 말씀 중 그가 죽은 지
오랜 후에 이루어진 것들은 그뿐만이 아니었다.

이사야가 하나님의 말씀을 기록하고 700년 후에, 예수님께서
나사렛의 회당에서 두루마리를 펴서 그 글을 읽으셨다.

"주의 성령이
내게 임하셨다.

그는 가난한 자에게
복음을 전하게 하시려고
내게 기름을 부으셨다.

포로 된 자가 자유를
얻게 될 것이요,

눈 먼 자가
보게 될 것이요,

주의 은혜의 때가
왔음을 전파하게 하려
하심이다."

너희가 방금 들은
성경 말씀이 바로 오늘
이루어졌다!

그의 이름은 예레미야였다.

그는 또한 눈물의 선지자로 알려져 있다.

애가를 쓴 것으로 알려진 그는 유다의 선지자였다.

그는 제사장들과 왕들과 일반인들에게 하나님의 말씀을 전했다.

때때로 그의 메시지는 잘 받아들여지지 않았다.

이때는 정치적 불확실성과 혼란의 시대였다.

으아이아!!!

유다 주변의 여러 제국들이 융성하고 몰락했다. 유다에서는 지도자들이 잠깐 나타났다 사라졌다.

그러나 예레미야는 자신의 사명과 하나님의 변치 않는 메시지에 충실했다…

쿵

…구덩이에 갇혔을 때에도.

하지만 그가 사역을 시작했을 때는 상황이 이렇지 않았다.

예레미야는 요시야 왕이 다스린 지 13년째에 부르심을 받았다.

요시야는 어릴 때 왕위에 올랐다.

요시야는 젊을 때 하나님을 따랐다.

우상들을 박살내고 성전을 수리했다.

예레미야의 아버지는 제사장 힐기야였다.

예레미야는 자신도 제사장이 될 준비를 해왔을 것이다.

다 읽고 나면 두루마리를 치워라.

네, 아버지.

왕이 하나님을 따른다고 해서 백성들도 그런 것은 아니었다.

그래서 하나님이 백성들을 위한 메시지를 가지고 예레미야에게 오신 것이다.

예레미야야.

누구… 누구세요?!

나는 너를 모태에 짓기 전부터 너를 알았다.

네가 태어나기도 전에 너를 구별하여 여러 나라를 위한 나의 선지자로 세웠다.

오, 주 여호와여! 저는 주님의 말씀을 전할 수 없습니다! 저는 너무 어립니다!

"나는 너무 어리다"고 말하지 말라.

너는 내가 어디로 보내든지 가고 무엇을 명하든지 그것을 말해야 한다. 내가 너와 함께할 것이니 사람들을 두려워하지 말아라. 내가 내 말을 네 입에 두었다!

사람들이 예레미야의 말을 거역하여도 예레미야의 예언들은 계속 사실로 입증되었다.

다른 이들은 거짓 예언을 했으나, 그들의 죽음으로 그 예언이 틀렸음을 입증하였다.

바벨론으로부터의 압박이 커지자, 시드기야 왕은 사람들을 보내어 예레미야에게 물었다.

부탁입니다! 여호와께 우리를 도와달라고 해주세요!

바벨론이 공격을 하고 있습니다!

여호와께서는 전에 우리를 도와주셨습니다! 아마 지금도 도와주실 거예요!

시드기야 왕께 전하세요. 여호와의 말씀입니다. "네가 살기 원한다면 바벨론 왕과 그 백성들에게 복종하라.

너희가 싸우면 바벨론이 너희를 멸할 것이다! 항복하라, 그러면 너희가 살 것이다."

바벨론이 예루살렘을 대적하여 군대를 배치했을 때 예레미야는 바벨론에 있는 유대인들을 격려하기 위해 편지를 썼다.

여호와의 말씀입니다. "집을 짓고 거기에 정착할 계획을 세워라. 텃밭을 만들어라.

결혼을 하고 자녀를 낳으라. 그 성읍의 평안과 번영을 위해 일하여라.

너희는 70년 동안 바벨론에 있게 될 것이다.

그러나 나는 너희를 다시 본국으로 데려올 것이다."

그 편지는 바벨론에 있는 유다 사람들에게 전해졌다.

그러나 예루살렘에 있는 사람들도 그것을 읽었다.

그들은 내가 너를 체포하기 원한다!

선지자 스마야는 너의 예언에 대해 내가 너를 처벌해야 한다고 믿는다!

바벨론에 있는 우리 백성들은 70년 동안 그곳에 있게 될 겁니다!

거짓 선지자들의 말처럼 2년이 아니라고요!

하나님은 스마야가 벌을 받게 될 거라고 말씀하십니다.

그는 하나님께서 그의 백성들을 위해 계획하신 선한 일들을 살아서 보지 못할 겁니다.

제가 시드기야 왕께 전해야 할 메시지가 또 있습니다.

시드기야 왕이여, 여호와께서 저에게 말씀하시길, 왕께서 바벨론 왕의 손에서 벗어나지 못할 거라고 하셨습니다!

하지만 예루살렘, 라기스, 그리고 아세가는 아직 견고하다!

…전쟁 중에 죽지는 않으실 것입니다. 왕은 평안히 죽을 것입니다. 백성들이 왕을 위해 애도할 것입니다.

왕은 잡혀가서 바벨론 왕을 대면하게 될 것입니다. 하지만…

시드기야는 예레미야의 말을 무시했다.

그 뒤에 애굽이 바벨론으로 진격하자, 느부갓네살이 예루살렘에서 군대를 철수시켰다.

시드기야 왕이 다시 우리를 위해 여호와께 기도해달라고 부탁하십니다.

바로의 군대가 애굽으로 돌아가려고 합니다. 바벨론 사람들이 다시 올 거예요.

당신의 예언들은 틀렸소, 예레미야. 그리고 당신의 말은 거의 반역이오.

이후에…

예레미야, 어디 가십니까?

이리야 대장님, 저는 베냐민 땅에 가서 저의 재산을 받으려고 합니다.

아니! 당신이 우리 왕과 바벨론에 대해 한 말을 들었소!

당신은 바벨론 사람들에게 항복하려고 하는 겁니다!

당신을 체포합니다!

예레미야의 메시지에 화가 난 고관들은 아무도 그의 항의를 듣지 않았다.

그는 매를 맞았다…

…그리고 감옥에 갇혔다.

오랫동안 그는 그곳에 갇혀 있었다. 그러다…

시드기야 왕이 보내서 왔소.

잠시 후…

너는 계속 우리의 패배에 대해 예언하는구나.

이제 좀 그만하면 안 되느냐?

조금 전에 여호와께서 제 사촌이 찾아올 거라고 제게 말씀하셨습니다.

하나님 말씀대로 정말 그가 왔습니다.

그는 제가 베냐민 땅에 있는 밭을 사기 원했습니다…

제가 체포되기 전에 가려고 했던 곳 말입니다.

그래서 전 그렇게 했습니다. 모든 공식적인 절차를 거쳤습니다. 이 안에 매매 증서가 있습니다.

왠지 아십니까?

이 토기에 매매 증서를 넣어두고 오래 보관하라고 하십니다.

여호와께서 이 나라가 불에 탈 것이나 그의 백성들은 지켜주시겠다고 말씀하셨습니다.

언젠가 사람들이 이 땅에서 다시 사고 팔 것입니다.

땅을 만드신 여호와께서 말씀하십니다. "나에게 물으면, 장차 올 일들을 네게 말해주겠다. 예루살렘은 황폐하였다.

그러나 나는 이 땅을 다시 번영케 할 것이다."

다른 나라들은 하나님이 우리를 버리셨다고 말합니다!

하지만 하나님은 그분의 언약을 기억하십니다!

그분은 자기 백성들이 그들의 땅으로 돌아오게 하실 것입니다.

하나님은
우리를 바벨론에 넘기기로
결정하셨습니다!

만일 왕께서
항복하신다면, 왕과
왕의 가족은 사실 것이며,
성도 불에 타지 않을
것입니다.

그러나 나는
두렵다!

바벨론 사람들이 나를
항복한 유다인들에게 넘길 것이다.

그들이
나에게 무슨
짓을 할지 누가
알겠느냐!

왕께서
순종을 택하신다면
모든 일이 잘될
것입니다. 만일 왕께서
항복하길 거절하신다면
아무도 피하지 못할
것입니다.

네가 나에게
이 말을 한 것을
아무에게도 말하지
말아라. 안 그러면 너는
죽을 것이다!

예레미야는 감옥 뜰에서 죄수로 남아 있었다.

시드기야의 통치 11년째 해에
바벨론 군대가 성벽을 무너뜨렸다.

시드기야와 그의 군사들은
항복하는 대신 도망쳤다.

시드기야가 잡혔을 때 그의 가족은
그의 눈앞에서 죽임을 당했다.

그런 다음 그들은
시드기야의 눈을 빼버렸다.

바벨론 사람들은 예루살렘을 불태웠고,
남은 사람들을 포로로 잡아갔다.

BC 593년

에스겔 선지자가 바벨론에 잡혀 있는
하나님의 백성들에게 말했다.

나, 에스겔이 포로로 잡혀온 유다인들과 함께 바벨론
그발 강가에 있을 때 하늘이 열렸고 나는 하나님의 환상을 보았다.

큰 폭풍이 불어오는데, 먼저 큰 구름이 밀려오고
번개가 번쩍이며 밝은 빛이 비쳤다.

구름 속에 불이 있었는데,
마치 달아오른 쇠 같았다.

그 가운데서 사람의
형상을 한 네 생물이 나타났다.

각각 앞은 사람의 얼굴이고, 한쪽은 사자의 얼굴,
다른 한쪽은 소의 얼굴, 뒤는 독수리의 얼굴이었다.
각각 쭉 뻗은 날개 두 쌍이 있었다.

그들 가운데 번개가 앞뒤로
번쩍거리는 듯했다.

각 생물의 날개는 옆에 있는 생물들의 날개와 닿아
있었다. 그들은 영이 가는 방향으로 움직였다.

각 생물 옆에는 바퀴가 있는데
바퀴 안쪽이 반짝거렸다.

생물들이 움직이면 바퀴도 움직였다.

그들이 위로 올라가면
바퀴들도 위로 올라갔다.

그들 위에는 수정같이 반짝이는 하늘 같은 표면이 펼쳐져 있었다.

청색 보석으로 만든 보좌처럼 보이는 것이 위에 있었다.

이 보좌 위에 사람과 비슷한 형상이 있었다.

그는 타오르는 불꽃처럼 보였다.

여호와의 영광이 나에게 이렇게 보인 것이다.

나는 엎드려 나에게 말씀하시는 이의 음성을 들었다.

에스겔 2-5

이스라엘의 산들을 향해 예언하여라. 내 백성이 그들의 부정한 마음 때문에 내가 얼마나 아파하는지 알게 될 것이다. 그리고 마침내 그들은 모든 가증스러운 죄들로 인해 자신을 미워하게 될 것이다.

끔찍한 죄들로 그 땅은 피투성이가 되었다. 예루살렘은 폭력으로 가득하다. 나는 가장 무자비한 민족을 데려와 그들의 집을 점령하게 할 것이다.

이스라엘과 유다의 죄는 매우 크다. 나는 그들을 봐주거나 불쌍히 여기지 않을 것이다.

내가 보니, 그룹들이 동문으로 날아갔다.

여호와의 영광이 성전 입구에서부터 나왔다.

에스겔 6-7 ; 9-10

451

예루살렘이 함락된 지 14년 후에,
여호와께서 나를 붙잡으셨다. 환상 속에서
나는 얼굴이 놋같이 빛나는 사람을 보았다.
그는 삼줄과 측량하는 장대를 들고 있었다.

여기서 하나님은 나에게
메시아가 의로 다스리실
미래의 성전을 보여주셨다.

그 놋 같은 사람은 나에게 현관과 뜰,
모든 방들, 그리고 성전을 보여주었다.

이스라엘의 하나님의 영광이
동쪽에서부터 나타났다.

이 환상은 내가 본 다른 환상들과 같았다.

나는 얼굴을 땅에
대고 엎드렸다.

그때 영이 나를 들어올려
안뜰로 데려갔고, 여호와의
영광이 성전에 가득하였다.

그날부터 그 성의 이름은…

"여호와 삼마, 여호와께서 거기 계시다"이다.

BC 750년경 하나님께서 호세아에게 메시지를 주셨다.

북왕국, 이스라엘은 하나님께 죄를 범한 여러 왕들이 통치해 왔다.

여로보암 왕 시절에 우상 숭배는 허용되었을 뿐만 아니라 권장되기까지 했다.

하나님이 호세아에게 주신 메시지는 백성들에게 하나님과의 관계를 회복하라는 부르심이었다.

어딜 가나 우상들 천지군!

호세아 1:2-3

…한 남자와 여자 사이의 언약이란 걸.

서로에게 충실하겠다는 약속.

하나님은 그분의 백성인 우리에게 많은 약속을 하셨다.

그리고 하나님은 늘 신실하셨다.

그러나 이스라엘은 그렇지 않았다.

하나님은 내 아내가 나에게 충실하지 않을 거라고 말씀해주셨다.

이스라엘이 그분께 충실하지 않았던 것처럼.

시간이 흘렀다.

남자와 여자가 결혼한 후 그렇듯이…

…호세아와 고멜은 곧 아버지와 어머니가 되었다.

이 아이의 이름은 이스르엘입니다!

그 후 몇 주, 몇 달 동안 호세아는 사람들에게 아들의 이름을 그렇게 지은 이유를 말해주었다.

"이스르엘"이라고요, 호세아?

왜 하필? 거기서 끔찍한 일들이 일어났잖소!

맞소. 그건 하나님이 내게 주신 이름이오.

하나님이 이렇게 말씀하셨소. "그의 이름을 이스르엘이라 하라. 예후 왕이 이스르엘에서 범한 살인죄로 인해 내가 예후 왕조를 벌하려 한다.

나는 이스르엘 골짜기에서 이스라엘의 군대를 무너뜨릴 것이다."

여호와께서 내게 말씀하셨소. "내가 이스라엘 왕국의 끝을 낼 것이다."

하나님은 그분의 메시지를 위한 상징으로 우리 가족을 사용하기 원하시는 것 같소.

우리 가족. 우리 아이들. 그리고…

…내 아내를.

그리고 이스라엘 백성이 하나님을 떠난 것처럼…

…고멜은 자기 남편 호세아를 배신했다.

고멜은 딸을 낳았다.

그 아이는 아마 호세아의 아이가 아니었을 것이다.

아기 이름은 뭐라고 지을까요, 호세아?

아기 아빠가 이름을 지어주지 않던가요?

왜 저에게 이 여자와 결혼하라고 하셨습니까?

그녀는 내 인생에 고통과 수치만 가져다주는 걸요!

게다가 이제는 딸까지!

호세아야…

네 딸의 이름을 로루하마라고 지어라.

로루하마. "사랑받지 못하는."

그래. 내가 더 이상 이스라엘에게 사랑을 보이지 않을 것이기 때문이다.

"그러나 나는 유다 족속에게 사랑을 보이고 그들을 자유롭게 해줄 것이다. 무기와 군대가 아니라 나의 힘으로!"

이것이 여호와께서 나에게 이 아기의 이름을 이렇게 지으라고 하신 이유입니다!

고멜은 다시 임신하여 아들을 낳았다.

이번에도 호세아가 아이 아빠가 아니었을 것이다.

그럼 이 아이의 이름은요? 하나님이 당신에게 이 아이 이름도 알려주셨어요?

알려주셨죠. 로암미라 지을 겁니다.

"이스라엘은 내 백성이 아니다."

이스라엘 사람들이 바닷가의 모래같이, 셀 수 없이 많아질 때가 올 겁니다!

그러면 전에 "너희는 내 백성이 아니라"는 말을 들었던 곳에서 "너희는 살아 계신 하나님의 자녀들이라"는 말을 듣게 될 것입니다.

희망은 사라지지 않았습니다! 그들은 포로생활에서 돌아올 것입니다! 기대하십시오!

수고했어, 호세아.

이 메시지를 들은 나는 전혀 기쁘지가 않네.

하나님의 백성들이 하나님을 멀리할 때 그분의 마음이 얼마나 아프실지 알거든.

며칠이 지나고, 몇 주가 지나고,
몇 달이 지나고, 몇 계절이 지났다.

호세아의 아이들이 자랐다.

그리고 고멜은 계속
제멋대로 행했다.

이제 그만
들어가자. 내일
마무리하자꾸나.

로루하마,
엄마 어디
있니?

오늘
아침에
나갔어요.

어디에
간다고
했니?

시내에
간다고
했어요.

이유는 말씀
안해주셨고요.

그냥 거기에 더
좋은 게 있다고만
했어요.

엄마
어딨어요?

모르겠구나.

이스르엘,
가서 내 말에
안장을 얹어라.

네 엄마를 어떻게
해야 할지 생각 좀
해봐야겠다…

그녀를 찾을 수 있을지 모르겠다. 다 둘러보았는데.

저기 저 여자인가?

그래! 맞아!

호세아! 여기서 뭘 하고 있어요?

고멜?

당신을 찾고 있었소!

그런 당신은 여기서 뭘 하고 있소?

난 더 나은 삶을 찾고 있어요!

농부의 수입으론 누릴 수 없는 부유하고 편안한 삶을요!

하지만⋯ 아이들은

내가 꿈꾸는 더 좋은 삶에 아이들은 없어요!

고멜, 당신이 어떻게 이럴 수 있어요?

내가 당신보다 더 돈 잘 벌어요!

난 당신을 좋아해요! 내가 잘해주었잖아요!

그러니 이제 그럴 필요 없어요!

하나님께서 나에게 그녀와 결혼을 하라고 하셨어.

이렇게 될 거라고도 말씀해주셨잖아.

이제 어떻게 할 거야?

하나님이 다음에 무슨 말씀을 하실지 들어봐야겠지.

호세아는 계속 사람들에게 하나님의 메시지를 전했다.

여호와의 말씀을 들으라.

주님께서 너희들을 책망하셨다.

이 땅에는 진실도 없고 인애도 없고 하나님을 아는 지식도 없다.

제사장들은 백성들이 죄를 더 짓기를 바란다.

그들은 창녀처럼 행하여 다른 신들을 섬기고 그들의 하나님을 버렸다.

너희에게 심판이 임했다.

오, 이스라엘이여, 너희는 나를 피해 숨을 수 없다.

이스라엘의 교만이 자신들에게 불리한 증언을 한다.

나는 번제보다 너희가 나를 알기 원한다.

아담처럼, 너희는 나와의 언약을 어기고 내 믿음을 저버렸다.

우상을 만들어 너희 스스로 파멸을 초래했다.

그들은 바람을 심고 광풍을 거둘 것이다. 그들은 마치 율법이 자기들에게 적용되지 않는 것처럼 행한다.

너희는 죄를 용서받기 위해 제단을 세웠지만, 그곳이 죄를 범하는 장소가 되었다!

너희의 죄가 많고 적개심 또한 많으니, 너희는 "선지자들이 미쳤다!"고 말한다.

나의 하나님은 이스라엘 백성들을 버리실 것이다.

466

호세아 4-6 ; 8-9

그러나 또다시, 호세아는 단지 말씀만 받지 않았다.

그는 지시를 받았다. 아주 어려운 지시였다.

제가 무엇을 하기 원하십니까?

하나님께서 뭘 하라고 하셨다고?

간단히 말하면, 그녀가 다른 남자들에게 갔어도 나는 다시 그녀를 사랑해야 해.

"네 아내를 사랑하라"고 하나님이 말씀하셨어.
"이것은 이스라엘이 다른 신들을 의지했어도 여호와께서 여전히 이스라엘을 사랑하신다는 것을 보여줄 것이다"라고.

그 여자를 찾는 걸 도와줄래?

그녀가 지금 노예로 살고 있다고 들었어.

노예?

응…

…분명 그녀가 바라던 부유하고 안락한 삶은 아닐 거야.

호세아 3:2

…내가 얼마 전에 수확을 했소.

나머지는 곡물로 드리리다.

은 15개?

그리고 보리 한 호멜 반?

어째서 이 여자가 당신에게 그만한 가치가 있는지 이해가 안 되는군.

하지만 당신이 그 값을 치르겠다면 받겠소.

다음날…

왜 이래요, 호세아? 내가 당신에게 어떻게 했는데?

난 나를 떠난 당신을 구해온 것이오.

여호와께서 그의 백성을 구원하실 것처럼.

당신은 여기서 오랫동안 나와 함께 살 것이오.

이제 당신에게 다른 남자들은 없을 거요.

나도 당신과 이혼하고 다른 사람과 결혼할 수도 있었소.

하지만 앞으로도 나에게 다른 여자는 없을 것이오.

하나님은 이것을 통해서 나에게 그분의 사랑과 자비에 대해 가르쳐주셨소.

난 지금 그 메시지를 훨씬 더 깊이 이해하고 나눌 수 있게 됐소.

어떤 메시지에요?

이스라엘을 위한 거예요?

그렇소, 그들은 떠났지만 결국 여호와께 돌아올 것이오…

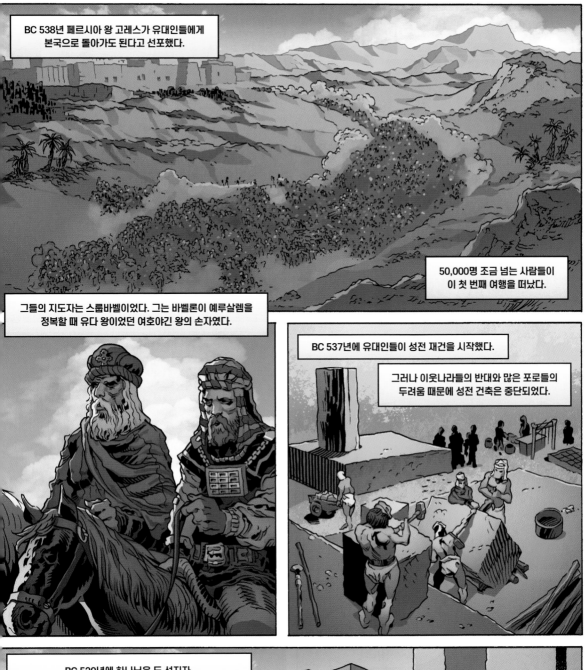

BC 538년 페르시아 왕 고레스가 유대인들에게 본국으로 돌아가도 된다고 선포했다.

50,000명 조금 넘는 사람들이 이 첫 번째 여행을 떠났다.

그들의 지도자는 스룹바벨이었다. 그는 바벨론이 예루살렘을 정복할 때 유다 왕이었던 여호야긴 왕의 손자였다.

BC 537년에 유대인들이 성전 재건을 시작했다.

그러나 이웃나라들의 반대와 많은 포로들의 두려움 때문에 성전 건축은 중단되었다.

BC 520년에 하나님은 두 선지자, 학개와 스가랴를 보내어 유대인들에게 다시 열심을 내고 그들의 영적 우선순위를 정비하도록 촉구하셨다.

그들은 여호와의 성전을 재건할 시기가
아니라는 잘못된 결론에 도달했었다.

하나님은 학개 선지자를 통해 다섯 개의
메시지를 보냄으로 이에 응답하셨다.

내 집은
황폐하였는데 어찌하여
너희는 호화로운 집에
살고 있느냐?

만군의 여호와께서 이렇게 말씀하십니다. "너희에게
무슨 일이 일어나고 있는지 보라! 너희는 많이 심었으나
적게 거두고 있다.

음식을 먹어도 배부르지 않다.
옷을 입어도 따뜻하지 않다.

임금을 받아도
마치 구멍이 가득한
주머니에 넣어둔 것처럼
없어진다!

당장 산에 올라가
나무를 가져와서 내 집을 다시
지어라. 그러면 내가 그로 인해
기뻐하고 영광을 얻을 것이다."
여호와의 말씀입니다.

"왜냐?
내 집은 황폐하였기
때문이다"라고 여호와께서
말씀하십니다.

그때 사람들이 첫 번째 메시지에 응답하였으므로, 23일 후에 하나님이 두 번째 메시지와 함께 학개를 보내셨다.

"내가 너희와 함께하노라" 하고 하나님이 말씀하십니다.

여호와께서는 총독 스룹바벨과 대제사장 여호수아의 열정을 일으키셨고, 또 남아 있는 하나님의 백성들 모두의 열정을 일으키셨다.

우리가 모든 일꾼들의 식량을 공급해주겠습니다. 저들은 부족한 것이 없을 겁니다.

하나님이 솔로몬에게 알려주신 양식대로 짓도록 제사장들도 건축에 참여할 겁니다.

그들은 온 힘을 다해 성전을 재건하는 데 헌신하기 시작했다.

하지만 솔로몬이 여호와를 위해 지은 성전은 이것보다 훨씬 더 컸어요.

맞아요. 아무것도 그것에 비할 순 없지요.

이와 관련하여 학개는 포로들에게 세 번째 메시지를 보냈다.

이제 여호와는 이렇게 말씀하십니다. "스룹바벨아, 스스로 굳세게 할지어다.

대제사장 여호수아야, 그리고 이 땅 모든 백성들아, 스스로 굳세게 할지어다.

내가 약속했던 대로 너희와 함께하니, 이제 일을 하여라."

하나님께서 말씀하십니다. "이 성전의 화려했던 옛 모습을 기억하는 사람이 있느냐? 그것이 지금 너희에게 어떻게 보이느냐?

분명 보잘것없게 보일 것이다!"

이것은 만군의 여호와의 말입니다.

"조금 있으면 내가 하늘과 땅과 바다와 육지를 진동시킬 것이다.

내가 모든 나라를 진동시킬 것이며, 모든 나라의 보배가 이 성전으로 올 것이다. 나는 이 곳이 영광으로 가득하게 할 것이다." 만군의 여호와가 이같이 말씀하십니다.

두 달 후 학개는 네 번째 메시지를 전했고, 하나님은 제사장들에게 율법에 대하여 이 질문을 하라고 그에게 지시하셨다.

만일 어떤 사람이 시체를 만져서 의식적으로 부정해졌는데 그다음에 이런 음식들을 만진다면 그 음식들은 부정한 것일까요?

네.

만일 여러분 중 한 사람이 제물로 바쳤던 고기를 옷에 싸서 가져오는데 어쩌다 떡이나 국에 살짝 닿는다면 그것도 거룩해지는 겁니까?

아니오, 거룩함은 그런 식으로 다른 것들에게 전해지지 않습니다.

이 백성이 그러합니다. 그들이 행하는 일과 드리는 모든 것들이 그들의 죄로 인해 부정합니다.

따라서 당신들이 행한 모든 것이 잘못되었습니다. 그러나 이제 모든 것이 달라졌으니, 여러분이 성전을 짓기 시작했기 때문입니다.

같은 날, 학개는 여호와께 받은 다섯 번째이자 마지막 메시지를 전했다.

유다 총독 스룹바벨에게 말하라. 내가 하늘과 땅을 진동시킬 것이다.

"내가 여러 왕국들의 보좌를 엎고 여러 나라의 세력을 멸할 것이다. 그들의 병거와 거기 탄 자들을 엎드러뜨릴 것이다. 말들이 쓰러질 것이고, 말에 탄 자들은 서로 죽일 것이다.

그러나 이 일이 일어날 때, 나의 종, 스룹바벨아, 내가 너를 높여줄 것이다. 내가 너를 내 손가락의 *인장반지처럼 만들 것이니, 이는 내가 너를 택하였기 때문이다. 나, 만군의 여호와의 말이니라."

*인장반지는 권위, 명예, 능력의 상징이었다. 하나님은 백성들이 포로로 잡혀갈 때 그의 인장반지였던 여호야긴을 뽑아버리셨다(렘 22:24). 그러나 여기서 하나님은 상징적으로 여호야긴의 손자인 스룹바벨을 다윗 혈통의 공식적인 대표자로서 자신의 손가락에 끼우신다. 다윗의 계보는 예수님이 오심으로 끝날 것이다.

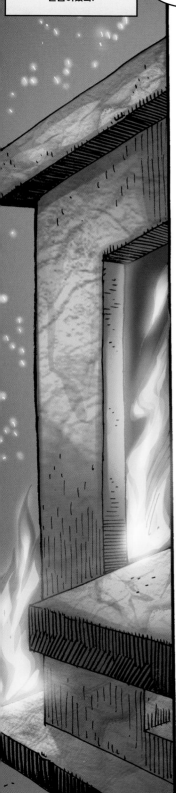

이스라엘의 선지자, 말라기가 하나님께 받은 말씀을 전했다. 하나님의 모든 계획들을 완성할 미래의 선지자에 관한 말씀이었다.

만군의 여호와가 말씀하십니다. "심판날이 오고 있으니, 용광로처럼 타고 있다.

그날 교만한 자와 악한 자들은 지푸라기처럼 탈 것이다. 그들은 뿌리와 가지와 모든 것이 타서 없어질 것이다.

그러나 내 이름을 두려워하는 너희에게는, 공의로운 해가 떠올라 치료하는 광선을 비출 것이다.

또 너희는 자유롭게 나가서 마치 풀밭에 내놓은 송아지처럼 기뻐 뛸 것이다. 그날 너희는 발바닥 밑의 재처럼 악인을 밟을 것이다."

말라기 4:4-6

BC 430년경 구약성경에 기록된 느헤미야의 마지막 사건들과 말라기의 마지막 예언부터 신약성경이 시작될 때까지 400년이 넘는 공백이 있었다.

이 기간에는 선지자의 말씀이 없었기 때문에 이 기간을 종종 400년의 침묵기라고 부른다.

구약성경이 끝나고 약 100년 동안 유다는 페르시아의 영토였고 실제적으로 대제사장들이 막강한 권한을 행사했다.

그러나 세 번의 결정적인 전투에서 알렉산더 대왕이 페르시아 왕 다리우스 3세를 크게 물리쳐 그는 페르시아 제국을 지배하게 되었고 거기에 유다도 포함되었다.

BC 323년 알렉산더 대왕이 음독 또는 병 때문에 사망했다. 이때부터 그의 제국에 대한 지배권을 놓고 그의 장군들 간에 다툼이 시작되었다.

그의 제국은 네 지역으로 나눠져 네 명의 장군들이 다스렸다.

프톨레마이오스 1세는 유다를 다스렸고 유다 사람들에게 약간의 종교적 자유를 주었다. 하지만 경제적 압박을 가했다.

BC 198년에 안티오코스 3세가 프톨레마이오스 5세를 격파했고, 유다는 셀레우코스의 통치를 받게 되었다.

초창기 셀레우코스의 관용은 안티오코스 4세 에피파네스가 유대인들에게 그리스의 문화적 규범에 따르도록 명령했을 때 끝났다.

그는 안식일을 지키는 것과 할례를 금지했고 토라의 사본들을 없애라고 명령했다.

그러나 안티오코스 4세 에피파네스가 유대인의 성전에 제우스 상을 세우고 하나님의 제단에 돼지를 제물로 바치자, 맛다디아라는 연로한 제사장이 개입했다.

이것은 신성 모독이다. 우리 하나님 같은 분은 아무도 없다!

맛다디아에게 다섯 아들이 있었는데, 그의 아들 유다 마카베오 ("망치를 든 자")가 주요 지도자였다. 그 가족과 그들의 용병들은 거듭 치고 빠지는 전략으로 셀레우코스 왕조와 싸웠다.

그들이 망치처럼 우리를 치는구나.

무려 24년(BC166-142) 동안 유대인들은 셀레우코스 왕조와 싸웠다.

셀레우코스 왕국에 대한 로마의 압력이 커짐과 더불어, 유대인들은 마침내 시리아로부터 독립했다.

우리는 성전을 깨끗하게 하여 다시 바쳐야 하는데, 사무엘 시대에 대제사장들이 남긴 기름이 한 통밖에 없습니다. 그것으론 하루밖에 안 갈 겁니다.

그러나 영원한 불꽃은 8일 동안 꺼지지 않고 계속 타올랐다.

더 많은 기름을 정화하는 데 8일은 걸릴 것이다!

그리고 약 80년간 유대인들은 자유를 얻었다.

482

맛다디아의 후손들은
하나님이 지시하신
사독의 가문에 속하지 않았으나
대제사장의 직분을 받았다.*

이것이 유다의 하스몬 왕조이며
BC 142년부터 BC 63년까지 지속되었다.

그러나 하스몬 왕조는 곧 그리스의 영향력을 따르기
시작했다. 그것은 그들이 처음에 저항했던 것이다.

BC 63년에 폼페이우스 장군이
예루살렘을 점령했고, 유다
사람들은 다시 한번 다른 나라
정복자의 지배를 받게 되었다.
그 나라는 로마였다.

*민수기 25:10-13 ; 에스겔 40:46

그 땅에 계속되는 불안과 함께, 로마인들은 헤롯을 유다의 대왕으로 삼았다.

그는 본래 에돔 사람인데 유대교로 개종하였다.

그에게는 큰 정치적 야망이 있었고, 로마 원로들에게 자신을 유다의 통치자로 세워주면 유다 사람들이 반란을 일으키지 않게 하겠다고 약속했다.

헤롯은 유대인들을 위해 아름다운 새 성전을 지어줌으로써 환심을 사려 했으나, 사람들은 그를 경멸했다.

헤롯 대왕은 BC 37년부터 BC 4년까지 팔레스타인을 통치하면서 자기 가족들과 랍비들까지 살해했다.

그는 예수 그리스도가 태어났을 때 유대인의 왕이었다.

선지자들이 예언한 대로 유대인들이 자기 땅에서
쫓겨나는 일이 두 번의 포로기에 발생했다.

첫 번째 분산은 BC 722년에 북왕국 이스라엘의
10개 부족들이 앗수르에 잡혀 가면서 시작되었다.*

*열왕기하 17:23

두 번째 남왕국 유다의 분산은 BC 605년,
BC 597년, 그리고 BC 586년에 걸쳐서
바벨론이 예루살렘을 공격하여 예루살렘이
함락되면서 시작되었다.

대부분의 유대인들은 돌아오지 않고, 바벨론을
정복한 페르시아 제국의 식민지 주민으로 살았다.

그들은 토라에 대한 지식과 순종이 부족해서
그들이 포로로 잡혀왔다고 믿으며 구약성경을 공부했다.

BC 586년에 성전이 파괴된 후,
지역 회당들은 유대인들을 위한
교육과 예배의 장소가 되었다.

서기관들은 토라의 전문가들이었고,
랍비들은 성경에 대한 서기관들의
이해를 전달하는 선생들이었다.

회당은 BC 515년에 스룹바벨에 의해 성전이
재건된 후에도 계속 중요한 역할을 했다.

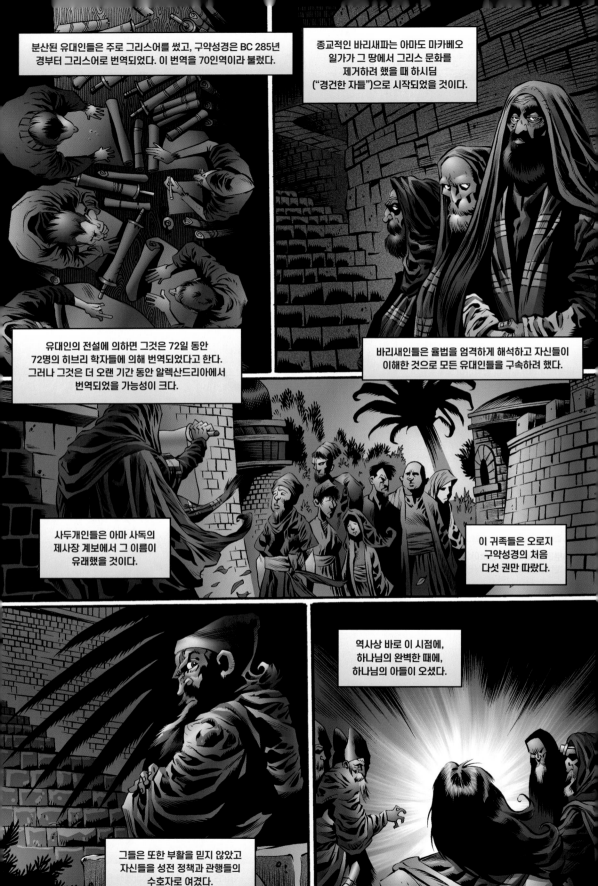

분산된 유대인들은 주로 그리스어를 썼고, 구약성경은 BC 285년 경부터 그리스어로 번역되었다. 이 번역을 70인역이라 불렀다.

종교적인 바리새파는 아마도 마카베오 일가가 그 땅에서 그리스 문화를 제거하려 했을 때 하시딤 ("경건한 자들")으로 시작되었을 것이다.

유대인의 전설에 의하면 그것은 72일 동안 72명의 히브리 학자들에 의해 번역되었다고 한다. 그러나 그것은 더 오랜 기간 동안 알렉산드리아에서 번역되었을 가능성이 크다.

바리새인들은 율법을 엄격하게 해석하고 자신들이 이해한 것으로 모든 유대인들을 구속하려 했다.

사두개인들은 아마 사독의 제사장 계보에서 그 이름이 유래했을 것이다.

이 귀족들은 오로지 구약성경의 처음 다섯 권만 따랐다.

역사상 바로 이 시점에, 하나님의 완벽한 때에, 하나님의 아들이 오셨다.

그들은 또한 부활을 믿지 않았고 자신들을 성전 정책과 관행들의 수호자로 여겼다.

유대 땅, 예루살렘 근교, 베들레헴으로 가는 길이었다.

로마 황제가 인구조사를 시행하라고 명령했다. 그래서 모든 사람이 호적 등록을 하러 자기 고향으로 돌아갔다.

많은 여행자들 속에 마리아와 그녀의 약혼자 요셉이 있었다.

그들의 목적지는 베들레헴이었는데, 나사렛에 있는 그들의 집에서 남쪽으로 80마일 더 가야 했다.

마리아, 잠깐만 쉬었다 갑시다.

난 괜찮아요, 요셉.

빨리 가고 싶어요.

보통 4일에서 5일 정도 걸리는 여정이지만, 마리아는 임신 중이었다.

베들레헴은 어디로 가지 않아요. 우리가 도착할 때까지 그대로 있을 거예요.

알아요, 그렇지만 이 많은 사람들도 다 같은 곳으로 갈 거예요!

걱정 말아요. 거기에 우리 친척들이 있으니까.

그들을 찾을 때까지만 여관에 묵읍시다. 다 잘될 거예요.

지난 몇 달 동안 여러 번 그러했듯이, 그녀는 자기가 어떻게 여기까지 왔는지 곰곰이 생각하고 있었다.

알아요, 요셉. 나도 알아요.

나사렛이라는 작은 동네에 사는 젊은 여자로서 그녀는 평온하고 전통적인 삶을 기대했다.

그녀와 요셉은 약혼한 사이였고, 이는 곧 그들이 결혼 약속으로 긴밀히 엮여 있었다는 뜻이다.

그러나 그들은 아직 따로 살았고 자기 가족들과 함께 지냈다.

전통에 따라, 그들은 남편과 아내로서 함께 살기 전에 약 1년 동안 기다리고 있는 중이었다.

그다음에 두 번째로 더 큰 예식이 있을 것이다.

그리고 요셉은 마리아를 아내로 맞아 집으로 데려갈 것이다.

마리아! 어제 요셉이 너희 새 집을 손보고 있는 걸 봤어!

너를 목수와 결혼시키시는 너희 부모님은 정말 현명하신 것 같아!

그는 참 좋은 사람이야!

그렇지!

그들의 신혼 생활이 곧 시작될 것이다.

마리아는 성실하고 경건한 사람 요셉이 훌륭한 남편이자 아버지가 될 거라는 사실을 알았다.

그들은 요셉의 가족이 사는 나사렛 집 근처에 새로 지은 집에서 함께 살 계획이었고, 그곳에서 아이들을 낳고 백년해로할 계획이었다

그러나 그것은 젊은 남자와 여자의 계획일 뿐, 그 계획들은 곧 극적으로 바뀔 예정이었다.

은혜를 받은 자여, 평안할지어다!

제가요?

그래. 너 말이다.

그는 지극히 높으신 이의 아들이라 불릴 것이다. 주 하나님께서 그에게 그 조상 다윗의 왕위를 주실 것이다. 또 그는 이스라엘을 다스릴 것이며 그의 나라는 영원할 것이다!

하지만…

…어떻게 그럴 수 있죠? 요셉과 전…아직… 전 처녀예요.

마리아야, 성령이 네게 임하실 것이다. 태어날 아기는 거룩할 것이다. 그는 하나님의 아들이라 불릴 것이다. 게다가 네 친척 엘리사벳은 늙어서 임신을 했다! 하나님의 말씀은 반드시 이루어질 것이다.

전…

전 주님의 종입니다.

천사가 전한 소식에 당혹스러운 것은 마리아의 삶만이 아니었다.

요셉! 할 얘기가 있어요!

마리아! 이리 와 봐요! 우리에게 아이들이 생기면 집을 어떻게 지을지 생각하고 있었어요. 그리고 화덕은 어디에 두면 좋을까요?

무슨 일 있어요, 마리아?

내가 결혼식에 맞춰 늦지 않게 이곳을 준비해둘 테니 걱정하지 말아요.

요셉, 그것 때문에 걱정하는 게 아니에요… 당신한테 해야 할 중요한 얘기가 있어요.

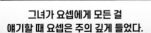

그녀가 요셉에게 모든 걸 얘기할 때 요셉은 주의 깊게 들었다.

…그래서 전 지금 아기를 가졌어요, 요셉.

내가 그걸 믿을 거라고 생각해요?

난 당신과 우리 아이들을 위해 이 집을 짓는 데 많은 시간과 노력을 들여왔어요… 여기서 나가줘요, 마리아.

제발.

며칠 후 마리아는 서둘러 유대의 산골로 갔다. 그녀의 사촌 엘리사벳이 사는 동네였다.

사가랴! 엘리사벳은 어때요? 아기는요?

…왜 제 물음에 대답을 하지 않는 거예요?

마리아! 너무 반가워!

안녕, 엘리사벳.

엘리사벳, 사가랴에게 무슨 일 있어요? 아무 말도 하질 않아서.

오오!

엘리사벳! 아기는 잘 있나요?

그럼! 무슨 일이 있지! 하지만 나쁜 일은 아니야!

엘리사벳은 성령으로 충만했다.

마리아, 하나님이 모든 여자들보다 더 큰 복을 너에게 주셨구나. 네 아이도 복을 받았고.

내 주의 어머니가 나를 찾아와주다니, 정말 영광이야.

오, 엘리사벳! 어떻게… 어떻게 알았어요?

네가 인사하는 소리에 내 배 속의 아기가 기뻐 뛰던 걸. 넌 복을 받았어!

우리 할 얘기가 너무 많다…

…그래서 나한테 여기로 오라고 했을 때 정말 기뻤어요. 엘리사벳.

요셉은 나를 돌로 쳐 죽이라고 할 수도 있었는걸요.

하지만 그는 조용히 파혼하는 게 최선이라고 생각하는 것 같아요. 내가 임신을 하고도 우리 가족과 함께 살 수 있도록 말이에요.

그는 좋은 사람이야, 마리아. 그에게 시간을 줘.

사가랴가 괜찮냐고 물었지? 사가랴에게도 몇 달 전에 천사가 찾아왔었다는 거 알아?

사가랴와 난 아기를 가질 수 없었어.

우리에게 아이가 없는 것도, 다 하나님의 목적이 있을 거라 믿었지.

그런데 사가랴가 제사장의 직무를 수행하기 위해 예루살렘에 있을 때 제비를 뽑아 주의 성전에 들어가 분향을 하게 됐어.

제사장들은 성전에 혼자 들어가는데, 갑자기 주의 천사가 사가랴에게 나타난 거야!

무서워하지 말아라, 사가랴! 하나님이 너의 기도를 들으셨다. 네 아내, 엘리사벳이 너에게 아들을 낳아줄 것이다.

너는 그 아이의 이름을 요한이라 지어야 한다. 너는 큰 기쁨과 즐거움을 얻을 것이다. 또 많은 이들이 그의 태어남을 기뻐할 것이다.

그는 많은 이스라엘인을
그들의 하나님 여호와께 돌아오게 할 것이다.
그는 엘리야의 심령과 능력을 가진 사람으로
주의 오심을 대비하여 사람들을 준비시킬 것이다.
반역하는 자들이 경건한 자의 지혜를
받아들이게 할 것이다.

그래서 제사장이자 랍비인
내 남편은 하나님으로부터 온
이 천사에게 말했어…

정말 천사가 말한 대로
이루어졌어. 사가라는 말을 못하고,
아이는 내 배 속에서 자라고
있으니까.

사가라는
교훈을 배웠어.

요셉?
그 사람도 그럴 거야.

이 일이 일어날 것을
제가 어떻게 확신할 수
있습니까?

그랬으면 좋겠어요.
하지만 그가 나를
어떻게 생각하는지
알아요….

하나님께서 그에게
진실을 알려주실 거고,
진실이 드러나면 요셉도 너처럼
하나님을 섬기기 원할 거야.

나도…
나도 그러면
좋겠어요.

마리아는
석 달 정도 엘리사벳과
함께 지냈다.

때가 되어, 엘리사벳은 아들을 낳았다.
그녀의 이웃과 친척들이 여호와께서 그녀에게 자비를
베푸셨다는 얘기를 들었을 때 모두 그녀와 함께 기뻐했다.

아기가 태어난 지 8일이 되었을 때
그들은 모두 할례 의식에 참석하러 왔다.

이제 사가라가
말을 하면 좋겠어요.

나는 하나님 앞에
서있는 가브리엘이다.
나를 보내어 너에게 좋은 소식을
전하게 하신 이는 하나님이다!
지금 네가 내 말을 믿지 않았으므로,
너는 아이가 태어날 때까지
말을 하지 못할 것이다.

천사와 만났던 얘기를
그에게 듣고 싶었어요.

난 그저 할례를 할 때
그가 말을 할 수 있으면
좋겠어.

누가복음 1:16-20,56-59

…그리고 아기 이름은 아버지의 이름을 따서 사가랴라고 짓는 게 좋겠소.

안 돼요!

요한! 아이 이름은 요한이에요!

뭐라고요? 당신 친족 중에 그런 이름은 없어요. 왜 아이 이름을 요한이라고 지으려는 거요?

꼭 요한이라고 지어야 합니다!

가족과 같은 이름을 지어야 합니다!

사가랴, 당신은 어떻게 생각하시오?

누가 사가랴에게 서판을 주세요!

좋소, 그럼 요한이라고 하지요!

아! 하나님을 찬양하라!!!

하나님께서
의 백성들을 구속하셨으니
주를 찬양하라.
나의 어린 아들,
는 지극히 높으신 자의
선지자라 불릴 것이다.
너는 그의 백성들에게
구원 얻는 법을
말해줄 것이다.

모든 이웃이 다 두려워했고, 그 일에 대한 소문이 온 유대 산골에 두루 퍼졌다.

누가복음 1:59-65,68,76-77

495

이후에, 사가랴와 엘리사벳의 집에서.

오, 꽉 쥐는 것 좀 봐!

하나님께서 당신에게 그분의 아들을 키우게 하시려는 건 옳은 선택이었던 것 같네요. 당신이 이렇게 아이들을 잘 다루니 말이오.

요셉? 여기엔 무슨 일이에요?

천사가 나에게도 찾아왔어요.

이제 내 말을 믿는 거예요?

그럼요! 믿고말고요!

내가 뭐랬어, 그가 돌아올 거라고 했지?

그는 좋은 사람이야.

나도 알아요.

어서 돌아가 우리 집을 완성해야 해요.

하지만 먼저 당신에게 무슨 일이 있었는지 알려주고 싶어요.

당신만 괜찮다면, 모든 일을 계획했던 대로 진행할 거예요.

알았어요, 요셉! 당연히 괜찮고말고요!

어서 집에 갑시다.

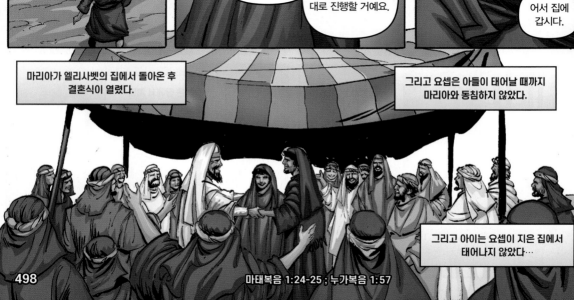

마리아가 엘리사벳의 집에서 돌아온 후 결혼식이 열렸다.

그리고 요셉은 아들이 태어날 때까지 마리아와 동침하지 않았다.

그리고 아이는 요셉이 지은 집에서 태어나지 않았다…

누가복음 2:1-5

사람이 정말 많군!
내 친척들을 찾으려면
어디로 가야 하는지 알지만,
그들을 빨리 찾을 수 있을지
잘 모르겠어요.

그들은
나중에 찾아도 돼요.
지금 나는
좀 누워야겠어요.

괜찮아요?

등이 조금…
불편해서요.

주인장,
우리가 묵을 방이
있을까요?

방이 있을 것 같소?
일주일 전에 두 개 다
나갔소.

작은 방만 있으면 됩니다.
같이 써도 괜찮아요.

도움을 드릴 수가 없네요!
모든 방이 찼답니다!

안녕하세요!
아무도 안 계십니까?

가요, 요셉.
문을 열어주지
않을 거예요.

우리 집은 다 찼어요.
저 아래로 한번
내려가보세요.

500

그날 밤 근처 들판에 나가 자기 양떼를 지키던 목자들이 있었다.

할아버지, 정말로 우리 모두 여기에 나와 있어야 해요?

난 피곤하단 말이에요!

아, 토빈! 이 일은 우리의 사명이란다! 이 귀한 생명체들을 우리가 보살펴야 해.

우리를 따뜻하게 해주는 양털이며, 우리가 먹을 양고기와 치즈, 갈증을 해소해주는 우유, 다 이 양들이 주는 거야.

다윗 왕도 목자였어. 어쩌면 우리 양떼도 그의 양에게서 났을 수도 있단다!

그리고 이 암양들이 낳을 어린 양들은 죄를 사함받기 위한 제물로 쓰일 수도 있어. 앗, 무슨 일이야?

할아버지, 저기 봐요!

무서워하지 말아라! 나는 좋은 소식을 전하러 왔다. 오늘 다윗의 성 베들레헴에 구세주가 나셨다! 그는 메시아, 주님이시다!

너희는 이 표적으로 그를 알아볼 것이다. 즉 강보에 싸여 구유에 뉘어 있는 아기를 발견할 것이다.

실례합니다…

소식을 듣고 왔어요…

천사들이 메시아가 태어났다고 우리에게 알려주었습니다!

천사들?

천사들이요, 왜 놀라요?

그들은 아기가 구유 안에 있을 거라고 했는데, 우리가 발견한 아기가 있는 구유는 이것뿐이에요!

이 아기인가요?

맞습니다.

이름이 뭡니까?

예수입니다.

예수의 뜻은…

마태복음 1:21

예수가 태어난 지 40일 후,
마리아와 요셉은 베들레헴에서 예루살렘으로 갔다.
아기를 주님께 드리고 그들이 드려야 할 제물을
드리기 위함이었다.

비둘기 두 마리만
주세요.

아, 네!

아들을 위해 제사를
드리러 왔군요?

네.

이 두 마리를
가져갈게요.

너무 작은
제물이네요…

우린 어린 양을
드릴 여유가 없어요,
마리아.

그럼요.
나도 알아요.

내 사촌 말을 들으니,
베들레헴에서 목수 일을
구할 수 있을 것 같아요.

베들레헴에
머문다고요?
난
모르겠어요…

오래 머물진 않을 거예요.
하지만 당신과
아이를 보살필 만큼은
돈을 벌 수 있을 것 같고,
아마 집도…

우린 집이
있잖아요! 당신이
지은 집이요!

맞아요.

하지만 베들레헴에서 내가 일자리를 구할 수 있다면 적어도 생각은 해봐야 해요.

난 그저 우리 가족에게 가장 좋은 걸 주고 싶을 뿐이에요.

생각해볼게요.

잘 보렴, 예수야.

우리 가족은 해마다 유월절을 지키러 이곳에 온단다.

실례합니다!

당신들의 아이군요!

제가 뭘 도와드릴까요?

난 메시아가 오셔서 이스라엘을 구원하기를 간절히 기다려 왔습니다!

성령이 내게 그를 보기 전에는 죽지 않을 거라고 알려주셨어요!

아이를 한번 안아 봐도 되겠소?

이름이…
이름이 무엇인가요?

예수입니다.

예수…
이 날이
드디어 오다니
믿기지가 않는군요!

주 하나님,
이제 주의 종을 평안히 죽게 하소서.
주께서 약속하신 것처럼 모든 백성을 위해
예비하신 주의 구원을 제가 보았습니다.
이는 여러 나라에 하나님을 보여주는 빛이요,
주의 백성 이스라엘의 영광입니다!

이 아이는 이스라엘에서 많은 사람을 패하거나 흥하게 할 것입니다.

그는 하나님으로부터 온 표적으로 보냄을 받았으나 많은 사람들이 그를 반대할 것입니다.

그 결과 많은 사람들의 마음속 가장 깊은 생각들이 드러날 것입니다.

그리고…

칼이 당신의 영혼을 찌를 것입니다.

누가복음 2:33-35

시간이 흐른 후

미가 5:2 ; 마태복음 2:3-10

그들이
어디 있느냐?
지금 어디
있냐고?!

그들이 베들레헴에 도착한 지
얼마 안 되어 그곳을
떠났다고 합니다.

지금쯤 여기에
와 있어야 하는데,
아직…

아직, 그들이
오지 않았다고!!!

대체
어딜 간 거야!!!

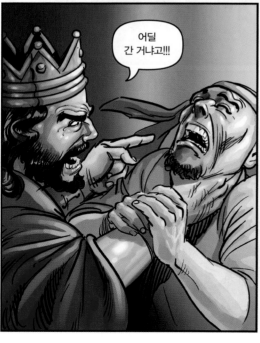

어딜
간 거냐고!!!

영향력 있는 박사들이
한 아이를 경배했다는
사실이 세상에 알려지면
어떻게 되겠느냐?

로마 황제가
이 소식을 들으면
다 끝이다!

어떤 것도 아버지의 자리를 위협하게
해서는 안 됩니다, 아버지!

절대 그런 일은
없을 것이다!

베들레헴에 있는 두 살 이하의
남자 아이들을 모조리 죽여라!

그건
안 됩니다!

아버지의
말씀대로 해라!

이 왕위는 내 아버지의 것이다.
그 누구도, 박사들도, 소문에
들리는 "새로 태어난 왕"도
빼앗지 못할 것이야!

가라! 군사들을 모아
진군 명령을 내려라!

군사들을 데리고
베들레헴으로
가라.

그날 밤 요셉은 아이와 마리아를 데리고 애굽으로 떠났다…

제발 부탁합니다. 오늘 밤 묵을 곳이 필요합니다.

…헤롯의 신하들이 그의 지시를 따를 그 때에.

오래 전에 하나님이 호세아 선지자를 통해 그들의 여정에 대해 이렇게 말씀하셨다. "내 아들을 애굽에서 불러냈거늘."

애굽에서 요셉은 목수 일을 하고 동방박사들에게 받은 선물을 판 돈으로 다시 살림을 꾸렸다.

그리고 헤롯이 죽은 후, 나사렛으로 돌아와 다시 자리를 잡았다.

마태복음 3:7-10 ; 마가복음 1:4-5 ; 누가복음 3:7-12

형제여,
아주 간단합니다!

정부가 요구하는 것보다
더 많은 세금을 거두지 마십시오.
당신의 급여에 만족하십시오.

사람들이 요단강에 있는 요한을 찾아와
자신들의 죄를 자백했고, 요한은 그들에게 세례를 주었다.

우리는 메시아가 와서
우리를 구원하시기를 오랫동안
기다려 왔어요.

혹시
당신이…?

아니오.

난 죄를 회개하는 자들에게
물로 세례를 줍니다.

저보다 더 크신 분이
오고 계십니다.

저는 그분의 신발끈도 풀 자격이 없습니다.
그분은 성령으로 여러분에게
세례를 베푸실 것입니다!

그리고
불로!

그는 모든 백성이 하나님의 구원을 보게 해줄
약속된 메시아에 대한 좋은 소식을 전하였다.

그러던 어느 날, 놀랍게도…

마태복음 3:6,11-12 ; 마가복음 1:5, 7-8 ; 누가복음 3:13-18

마태복음 3:13-15 ; 마가복음 1:9 ; 누가복음 3:21

하늘이 열리고, 요한은 하나님의 성령이 비둘기같이
내려와 예수님 위에 임하는 것을 보았다.

너는
내 사랑하는
아들이다.

너는 나에게
큰 기쁨이 된다.

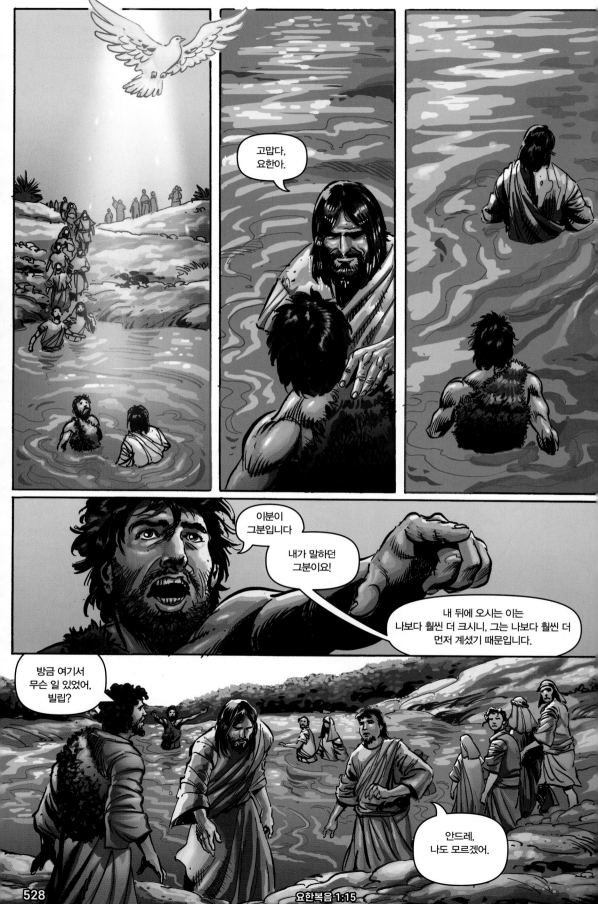

예수님이 성령께 이끌려 광야로
들어가셨다.

그는 거기에 40일 동안 머무셨다.
낮에도…

…밤에도.

예수님은 내내 아무것도
드시지 않았다…

…그래서 매우 배가
고프셨다.

안녕

예수님은 마귀에게 시험을
받으셨다.

마태복음 4:1-2 ; 마가복음 1:13 ; 누가복음 4:1-2

그다음에 마귀가 예수님을 거룩한 성, 예루살렘으로 데려가…

…성전 꼭대기에 이르렀다.

네가 하나님의 아들이라면 뛰어내려라! 어서 뛰어!

성경에서는 "하나님이 천사들에게 명하여 너를 보호해주실 것이다. 또 그들이 너를 손으로 떠받쳐서 너의 발이 돌에 부딪치지 않게 할 것이다"라고 말한다.

성경은 또한 "주 너의 하나님을 시험하지 말라"고 말한다.

다음에 마귀는 그를 데리고…

…매우 높은 산으로 갔다.

보아라!

마귀는 순식간에 세상의 모든 나라들을 그에게 보여주었다.

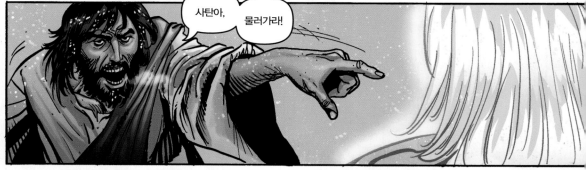

신명기 6:13 ; 마태복음 4:9-10 ; 누가복음 4:6-8

마귀가 예수님을 유혹하는 일을 마치자,
다음 기회가 올 때까지 그를 떠났다.

천사들이 와서…

… 광야에 있는 예수님을 보살폈다.

요한을 따르는 자들이 예수님의 세례식 때
일어난 일을 보고, 몇 명은 예수님을 따랐다.

랍비님, 금방
돌아오겠습니다…

안드레, 어디 가?

우리 형을 데려오려고요…
형은 우리가 누구와 하루를 보냈는지
믿지 않을 거예요!

시몬!

시몬!!!

안드레?
무슨 일이야?

시몬, 그분이야!
진짜 그분이야!

그분이 오셨어!
내가 그분과 하루를
보냈어!

누가 왔다고?
세례자?

아니! 세례자가 늘
말하던 분!

메시아!

메시아?

여기에?

요한복음 1:40-41

예수님과 그의 제자들은 갈릴리에 있는 예수님의 집으로 갔다. 이웃 마을 가나에서 혼인잔치가 열렸다.

그는 우리가 기대하지 않았던 많은 일을 행하실 것 같은 예감이 들어.

메시아가 나에게 그를 따르라고 하셨을 때 내가 기대했던 건 이런 게 아니었어.

예수님의 어머니, 마리아도 혼인잔치에 있었다.

예수야! 문제가 생겼다!

포도주가 떨어졌다는구나.

어머니, 그건 우리의 문제가 아닙니다. 아직은 나의 때가 오지 않았습니다.

거기 당신들!

뭐든 저 사람이 시키는 대로 하세요.

항아리에 물을 채우시오.

물이라. 어떻게든 도와주려 하는 건 고맙소만.

마리아가 뭐든 그가 시키는 대로 하라고 했어! 그렇게 하자!

내 잔을 채워 와라!

하지만 손님…

어서! 잔을 채워라!

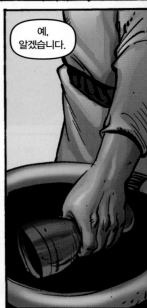

예, 알겠습니다.

으으
으음

신랑이
어디 있소?!
주인은 늘
제일 좋은 포도주를
먼저 내놓지!

그러다 모든 사람이
많이 마셔서 취했을 때
값싼 포도주를
내놓거든.

그런데 그는
가장 좋은 걸
지금까지
남겨두었어!!!

하지만…
그 항아리들은…

나도 알아!
물이지!
나도 봤어!

이것 봐!
냄새
맡아봐!

맛을 봐!
내가
먹어본 것 중에
최고야!

가나에서 보여준
이 기적의 표징은 예수님이
처음으로 그분의 영광을
드러내신 것이었다.

그리고 제자들은
그를 믿게 되었다.

그러나 예수님이 하시는 일들에 대해 모든 사람이 기뻐한 것은 아니었다.

주여, 주께서 바리새인들을 근심하게 만드셨습니다.

저들은 주의 가르침이나 요한과 관련된 부분을 좋아하지 않습니다.

특히 요한이 체포된 후로는 더 그렇습니다!

헤롯 왕에 의해 체포되었다고.

선지자가 자기 고향에서는 높임을 받지 못한다.

갈릴리로 돌아가자.

그들은 사마리아를 통과해서 갔다. 그곳은 오래 전 야곱이 그 아들 요셉에게 우물을 주었던 곳이다.

사마리아인들은 유대인들과 앗수르인들의 후손으로서, 토라를 실천했으나 예루살렘의 성전에서 예배드리지 않았다.

아, 배고파 죽겠어.

동네로 들어가야 하나? 이 사마리아인들이 우리에게 음식을 팔려고 할까?

돈만 주면 되지, 네가 유대인이든 사마리아인이든 무슨 상관이겠어?

발이 아프니 여기서 좀 쉬었다 가야겠다.

두 민족 간에는 종교적 차이로 인해 많은 적대감과 불신이 있었다.

나에게 마실 물을 좀 주어라.

당신은 유대인인데, 어찌 사마리아인인 저에게 물을 달라고 하십니까?

너를 위한 하나님의 선물을 알고, 또 너에게 말하고 있는 이가 누구인지 알면… 도리어 네가 나에게 청하였을 것이고 나는 너에게 생수를 주었을 것이다.

어디에서 생수를 구하신다는 겁니까? 선생님이 야곱보다 더 위대하다고 생각하세요? 그는 우리에게 이 우물을 주었어요. 그와 그의 자녀들과 가축들이 마신 이 물보다 더 좋은 물을 어떻게 주실 수 있습니까?

이 물을 마시는 사람은 누구든지 곧 다시 목마를 것이다.

그러나 내가 주는 물을 마시는 자들은 다시 목마르지 않을 것이다. 그 물은 그 사람 속에서 영생을 주는 신선한 샘물이 될 것이다.

선생님, 저에게도 그 물을 주세요! 그래서 다시 목마르지 않게 해주세요. 또 물을 길으러 여기까지 나올 필요도 없게 해주세요.

가서 네 남편을 데려와라.

저는 남편이 없습니다.

네 말이 맞다!

너는 남편이 없다. 너에게 다섯 명의 남편이 있었고, 또 지금 같이 살고 있는 사람과 결혼도 하지 않았으니까.

선생님, 선생님은 선지자임이 틀림없습니다.

요한복음 4:19-35

전 선생님에 대해 들었습니다!

선생님께서 여기 계신다는 말을 듣고 뵈러 온 거예요!

제 아들이 오랫동안 병을 앓았는데, 당장 죽을 것 같습니다!

제발 오셔서 제 아들을 고쳐주십시오!

너는 표적과 기사를 보지 않으면 나를 믿지 않으려 하느냐?

주여, 제발 제 어린 아들이 죽기 전에 와주십시오.

집으로 돌아가라. 네 아들이 살 것이다!

선생님?

그는 살 것이다!

예수님이 그 말씀을 하신 순간에 아이의 열이 떨어졌다.

예수님이 어렸을 때 살았던 나사렛에 오셨다.

여느 때처럼 안식일에 회당으로 가셨다.

예수님이 어릴 때 갔던 그 회당이었다.

어릴 때 함께 예배드렸던 그 사람들과 함께하셨다.

환영한다, 요셉의 아들 예수! 우릴 위해 선지자들의 말씀을 읽어주겠는가?

네, 물론입니다.

선지자 이사야의 두루마리가 그에게 건네졌다.

"주의 영이 내게 내리셨다. 이는 주께서 내게 기름을 부으셔서 가난한 사람들에게 기쁜 소식을 전하게 하셨기 때문이다.

주님은 나를 보내어 포로들이 해방될 것이고, 압제당하는 자들이 자유를 얻을 것이며, 주의 은혜의 때가 왔다고 선포하게 하셨다."

예수님은 두루마리를 말고 자리에 앉으셨다.

회당에 있는 모든 사람의 눈이 예수님께 쏠렸다.

너희가 방금 들은 성경 말씀이 오늘 이루어졌다!

뭐라고?

이게 어떻게 된 일이오?

이 사람은 요셉의 아들이 아니오?

정말 그가 말하는 게 맞소?

너희들은 틀림없이 "당신이 가버나움에서 한 일들을 여기 고향에서도 행해보시오"라고 말하려 할 것이다.

그러나 내가 너희에게 진실을 말하니, 어떤 선지자도 자기 고향에서는 환영을 받지 못한다.

엘리야 시대에 심한 기근으로 땅이 황폐했을 때 이스라엘에는 궁핍한 과부들이 많았다.

그러나 엘리야는 그들 대신 외국인에게, 즉 사렙다 마을의 한 과부에게 보내졌다. 또한 엘리사 선지자 시대에 이스라엘에도 나병 환자가 많았다. 그러나 고침을 받은 자는 오직 시리아 사람 나아만뿐이었다.

어떻게 감히 이렇게 말하는가!

우리를 이렇게 비난하다니!

그를 여기서 쫓아내시오!

마을에서 쫓아내시오!

누가복음 4:22-28

예수님은 나사렛을 떠나
가버나움 근처에 머무셨다.

베드로야!

많은 사람들이 하나님의 말씀을 듣기 위해 예수님께 몰려왔다.

베드로? 누구? 아, 맞다…
나였지…

안녕하세요,
예수님!

지난 밤에
고기를 많이
잡았느냐?

한 마리도 잡지
못했습니다.

제가 뭐 도울 일이
있을까요?

그럼, 있지.

괜찮다면 배를
육지에서 조금 떼어
놓아라.

물론이죠.
예수님께 도움이 된다면
뭐든 합니다.

예수님은 배 안에 앉아
무리를 가르치셨다.

말씀을 마치셨을 때…

베드로야,
고맙다.

이제 네가 할 일이
하나 더 있다.

무엇을 해드릴까요,
선생님?

오, 이건
날 위한 일이
아니다.

마태복음 4:21-22 ; 마가복음 1:19-20

그 무렵 예수님이 안식일에 밀밭 사이로 걸어가고 계셨다.

어째서 당신들은 안식일에 밀을 수확하고 있소?

그것은 율법에 어긋나는 것입니다!

예수님의 제자들은 배가 고파 밀 이삭을 먹었다.

다윗이 배가 고팠을 때 어떻게 했는지 읽어보지 못했느냐? 그는 성스러운 빵을 먹음으로 율법을 어겼다.

그건 맞지만…

성전에서 임무를 수행하는 제사장들이 안식일에 일해도 된다는 것을 읽지 못했느냐?

그건 맞지만…

내가 너희에게 이르노니, 성전보다 더 큰 이가 여기에 있다!

안식일은 사람들의 필요를 채워주기 위해 만들어졌다. 그러므로 인자는 안식일의 주인이다!

그리고 또 다른 안식일에, 회당에서 가르치고 계실 때…

주여! 당신이 병을 고치는 자라고 들었습니다!

제 손이 오그라들었습니다!

율법은 안식일에 병 고치는 것을 허용하는가?

종교적인 율법 선생들과 바리새인들은 예수님을 유심히 보았다.

만일 너희에게 양 한 마리가 있는데 안식일에 구덩이에 빠졌으면 끌어내지 않겠느냐?

안식일은 생명을 구하는 날이냐, 아니면 파괴하는 날이냐?

손을 내밀어보아라.

이에 예수님을 대적하는 자들이 미친듯이 격노하여 그를 어떻게 할까 의논하기 시작했다.

바리새인들은 나가서 헤롯의 지지자들을 만나 예수를 어떻게 죽일지 모의하였다.

이사야 42:1-4 ; 마태복음 12:15-21 ; 마가복음 3:13-19 ; 누가복음 6:13-16

예수님은 여러 비유를 말씀하셨다.

천국은 자기 밭에 좋은 씨앗을 뿌린 농부와 같다. 하지만 그의 원수가 곡식 가운데 가라지를 심었다.

농부의 일꾼들이 가라지를 뽑아야 하는지 물었으나, 농부는 "아니다, 둘 다 추수 때까지 자라게 두어라. 그때 가서 가라지를 골라내면 된다"고 말했다.

누가 등불을 켜서 바구니 아래 두겠느냐?

당연히 아니다! 등불은 등잔대 위에 두어 그 빛이 빛나게 할 것이다.

감춰진 것은 모두 결국 드러날 것이다.

천국은 밭에 심은 겨자씨와 같다.

그것은 땅 위의 모든 씨앗 중에 가장 작으나, 심으면 어떤 식물보다 더 크게 된다.

천국은 밭에 감춰진 보물과 같다.

그것을 본 사람은 어떻게 하겠느냐?

그 밭을 살 거예요!

그래! 그는 자기가 가진 모든 것을 팔아 그 밭을 살 것이다!

너희는 이 모든 것을 이해했느냐?

천국의 제자가 되는 율법 선생들은 모두…

…자기 곳간에서 새 진리의 보석들과 옛 것들을 모두 꺼내오는 집주인과 같다.

예수님은 이 이야기들을 마치고 떠나셨다.

마태복음 8:26-28 · 마가복음 4:39-5:1 · 누가복음 8:24-26

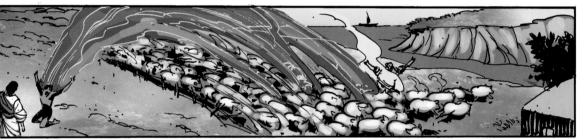

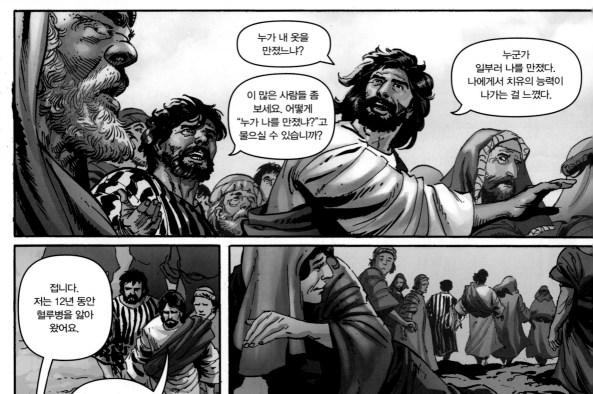

그는 매일 늦게까지 가르치시고 병을 고쳐주셨다.

약 오천 가족들이 예수님을 보고 그분의 말씀을 들으러 왔다.

그때…

사람들이 먹을 것을 구할 수 있도록 근처 마을로 보내야겠습니다.

너희가 먹을 것을 주어라.

우리가 저 사람들을 먹일 만큼 돈을 벌려면 몇 달 동안 일해야 할 걸요!

너희에게 떡이 얼마나 있느냐?

우린 아무것도 없습니다!

아무것도 없지 않다!

여기 한 아이가 보리떡 5개와 물고기 2마리를 가져왔어요.

하지만 그걸로 이 많은 사람을 어떻게 먹이나요?

고맙다, 얘야.

제자들은 모든 사람을 앉혔다.

아버지, 이 떡과 생선을 주셔서 감사합니다…

마태복음 14:20-24 ; 마가복음 6:43-48 ; 누가복음 9:17 ; 요한복음 6:13-19

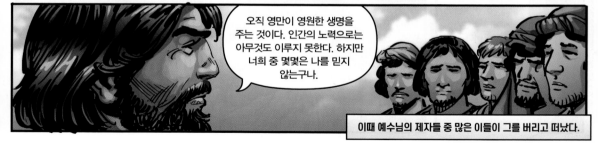

예수님이 빌립보 가이사랴 지방에 이르렀을 때 제자들에게 질문을 하셨다.

사람들은 나를 누구라고 하느냐?

어떤 이들은 세례 요한이라 하고, 또 어떤 이들은 엘리야라고 합니다.

다른 선지자들 중 한 명이라고 말하는 사람들도 있습니다.

너희는 어떠냐?

너희는 나를 누구라고 말하느냐?

주는 메시아입니다.

살아 계신 하나님의 아들입니다.

시몬아, 네가 복이 있다. 하늘에 계신 내 아버지께서 이것을 너에게 알려주셨구나. 너는 베드로다. 이 반석 위에 내가 내 교회를 세울 것이다.

곧 나는 예루살렘으로 갈 것이다.

거기 있는 장로들과 대제사장들, 서기관들이 나를 대적할 것이다

또 나는 그들의 손에 고난을 당할 것이다.

그리고 죽는다.

안 됩니다!

엿새 후 예수님이 베드로, 야고보, 요한을 데리고
높은 산에 올라가셨다.

마태복음 16:22-17:1 ; 마가복음 8:32-9:2 ; 누가복음 9:23-28

모세와 엘리야가 떠났다…

주여!

너무나 놀랍습니다! 기념으로 초막 셋을 지읍시다.

하나는 주님을 위해, 하나는 모세를 위해, 하나는 엘리야를 위해서요.

이는 내 아들이다.

내가 택한 자다.

그의 말을 들어라.

일어나라. 두려워하지 말고.

이 일 후에, 그들은 함께 산을 내려왔고, 예수님이 죽은 자 가운데서 살아나시기 전까지 이 일에 대해 아무에게도 말하지 않았다.

576

마태복음 17:4-8 ; 마가복음 9:5-8 ; 누가복음 9:32-36

예루살렘으로 가는 길에 있는 마을, 베다니

예수님! 안녕하세요!

예수님, 제자들과 함께 저희 집에서 좀 쉬시고 식사도 하고 가세요. 그렇게 해주시면 저희 오빠 나사로와 동생 마리아와 저에게 큰 영광일 겁니다.

그렇게 맞아주니 기쁘구나!

안녕하세요, 예수님!

어서오세요! 마르다의 초대에 응해주셔서 감사합니다.

식사를 내오기 전에 다른 걸 좀 드릴까요?

아니다, 마르다야. 고맙다.

마리아, 좀 도와주면 좋겠는데.

응, 곧 갈게.

잠시 후…

마리아는 어디 있지?

할 일이 이렇게나 많은데!

음, 저건 아니지!

…너의 행동뿐 아니라 너의 마음이…

주님!

저는 일하는데 동생은 여기 앉아만 있는 것이 불공평하다고 생각하지 않으세요?

마리아에게 저를 좀 도와주라고 말씀해주세요.

마르다야, 네가 이 모든 일들 때문에 걱정이 많고 속상하구나!

네가 신경 쓸 일은 한 가지뿐이다.

마리아는 그걸 발견했고, 절대 빼앗기지 않을 거다.

얼마 후, 많은 무리가 예수님을 따르고 있었다.

이 모든 사람들을 보세요.

따르는 자들이 매우 많습니다!

너희가 내 제자가 되려거든 너희 가족과, 심지어 자기 목숨까지 미워해야 한다. 그렇지 않으면 내 제자가 될 수 없다.

또 너희 십자가를 지고 나를 따르지 않으면 내 제자가 될 수 없다.

건물을 짓기 전에 먼저 돈이 충분한지 알아보려고 비용을 계산하지 않을 사람이 누가 있겠느냐? 비용을 따져보아라.

어느 왕이 전쟁터에 나갈 때 먼저 앉아서 자기 군대가 이길 수 있을지 의논하지도 않고 싸우러 가겠느냐? 너희는 너희의 모든 소유를 버려야 한다.

소금은 맛을 내는 데 유용하다. 그러나 소금이 맛을 잃으면 어떻게 다시 짜게 만들겠느냐? 귀 있는 자는 듣고 깨달아야 한다!

마태는 그렇게 했어. 모든 걸 버리고 떠났잖아.

그런 좋은 직업을 어떻게 버릴 수 있지?

이 사람은 죄인들과 어울리고 심지어 음식도 같이 먹는구나!

너희가 이해를 못하는구나.

어떤 사람에게 양 백 마리가 있는데 그중 하나를 잃어버리면 어떻게 하겠느냐? 아흔아홉 마리 양들을 남겨두고 그 한 마리를 찾아다니지 않겠느냐?

어떤 여자가 은화 열 개가 있는데 하나를 잃어버렸다. 그녀는 그것을 찾을 때까지 온 집안을 살피고 다니지 않겠느냐? 그것을 찾으면 그 기쁨을 모든 사람과 함께 나눌 것이다!

이와 같이, 한 사람의 죄인이라도 회개하면 하나님의 천사들 앞에서 기쁨이 되는 것이다.

예수님이 계속 예루살렘을 향해 가실 때…

예수님! 주여!

…열 명의 나병환자들이 그에게 왔다.

우리를 불쌍히 여기소서!

제발요.

가라. 제사장들에게 너희 몸을 보여주어라.

기적이 일어났어!

내 상처들이 나은 게 느껴져!

우리가 들은 대로, 정말 그분이 고쳐주셨어!

어느 사마리아인이 예수님께 돌아왔다.

그분이 하셨어… 하나님을 찬양합니다!!!

주여! 주여! 감사합니다!

내가 열 명을 고쳐주지 않았느냐? 나머지 아홉 명은 어디 있느냐?

이 이방인 외에는 아무도 하나님께 영광을 돌리러 돌아온 자가 없단 말이냐? 일어나서 가라. 네 믿음이 너를 낫게 하였다.

누가복음 17:25,28-37

요한복음 11:34-38

요한복음 11:44

마태복음 19:21-23 ; 마가복음 10:21-23 ; 누가복음 18:22-24

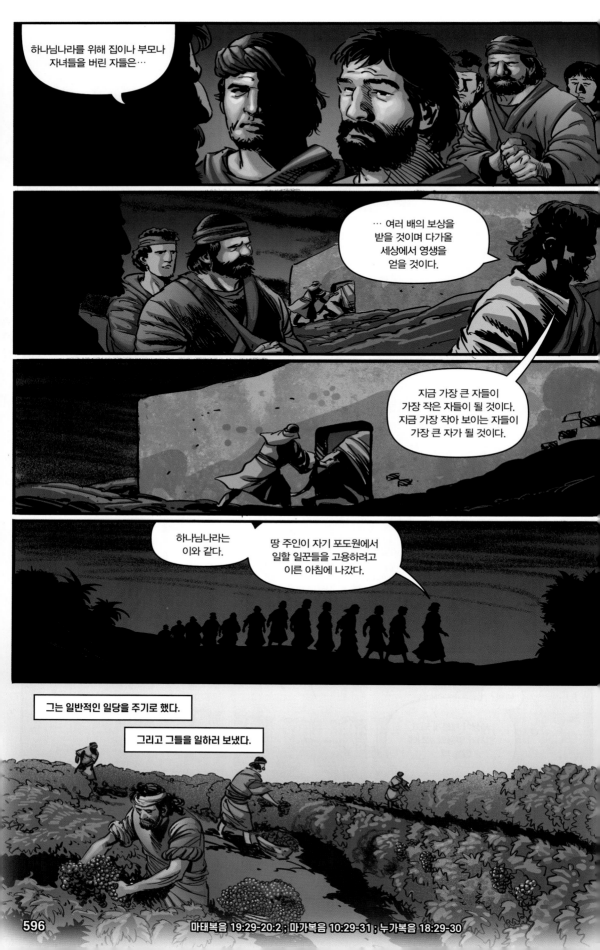

마태복음 19:29-20:2 ; 마가복음 10:29-31 ; 누가복음 18:29-30

나중에, 예수님과 제자들이 여리고에서 떠날 때…

예수님!

주여!

다윗의 자손이여, 우리를 불쌍히 여기소서!

조용히 해, 바디매오!

선생님을 귀찮게 하지 마!

저들은 신경쓰지 마십시오.

맹인 바디매오와 그의 친구는 그저—

저들에게 이리 오라고 해라.

그래… 힘을 내라! 자, 그분이 너희를 부르신다!

예수님! 우리를 불쌍히 여기소서!!!

내가 너희에게 무엇을 해주기 원하느냐?

주여, 저희가 보기를 원합니다!

주님은 하실 수 있잖아요, 그렇지요?

마태복음 20:29-33 ; 마가복음 10:46-51 ; 누가복음 18:35-41

너희 믿음이
너희를 낫게 하였으니,
가라.

눈을 떠라.

예수님은 가던 길을 계속 가셨다.

또 한번은 여리고에서…

세리장 삭개오가 예수님을 보려고 했으나 키가 너무 작았다.

사람이 너무 많아.

저 사람들 틈 속에선
절대 볼 수 없을 텐데.

그렇다면 방법은…

왜들 그렇게
보십니까?

저리 비켜,
이 난쟁이야!

탁

아야!

나를 하찮게
여길 수 있는 사람은
아무도 없을 텐데!

선생님…
주님… 랍비님…
저는…

저에게서 무엇을
원하십니까?

오늘
내가 너희 집에
묵어야겠다.

네, 알겠습니다!

어서 가시죠!

저 악명 높은
죄인의 집에 가시다니.

삭개오의 집에서…

사람들이 뭐라고 말하는지 알고 있습니다.
그들의 말이 맞기도 하고요!

주님 같은 분이
저 같은 사람의 집에
들어오시면 안 되죠.
하지만…

… 저는 "저 같은 사람"이
되고 싶지 않습니다!

주님 같은 사람이
되고 싶어요! 제가 가진
재산의 절반을 가난한 자들에게
주겠습니다, 주님.

또 제가
사람들에게 사기 친 적이
있다면, 네 배로
돌려주겠습니다!

오늘 이 집에 구원이 이르렀다.
이 사람이 참된 아브라함의 자손임을
보여주었기 때문이다. 인자는 잃어버린 자들을
찾아 구원하러 왔다.

우리는 지금
낙타가 바늘귀로
들어가는 걸 보고 있는 것
같은데요.

하나님께서는
모든 것이
가능하니까요!

확실히 하나님나라가
거의 온 것 같아요!

… 왜 내 돈을 은행에 맡기지 않았느냐?
그랬으면 적어도 이자는 받았을 것인데. 그의 돈을
빼앗아 열 므나를 가진 사람에게 주어라.

하지만 주인님,
그는 이미 열 므나를
갖고 있는데요!

그래, 돈을 잘 사용하는 자들에게
더 많이 줄 것이다. 아무것도 하지 않는 자들은
그들이 가진 적은 것마저 빼앗길 것이다.
내가 그들의 왕이 되는 걸 원치 않았던
나의 원수들을 이리로 끌어와
처형하여라.

예수님은 예루살렘을 향해
가시다가 베다니에 들르셨다.

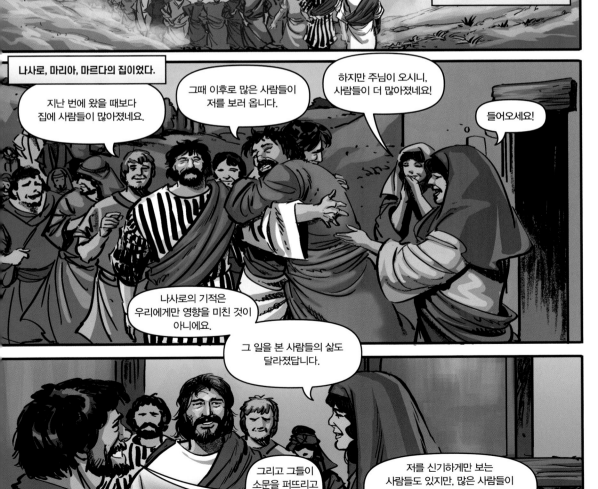

나사로, 마리아, 마르다의 집이었다.

지난 번에 왔을 때보다
집에 사람들이 많아졌네요.

그때 이후로 많은 사람들이
저를 보러 옵니다.

하지만 주님이 오시니,
사람들이 더 많아졌네요!

들어오세요!

나사로의 기적은
우리에게만 영향을 미친 것이
아니에요.

그 일을 본 사람들의 삶도
달라졌답니다.

그리고 그들이
소문을 퍼뜨리고
있어요.

저를 신기하게만 보는
사람들도 있지만, 많은 사람들이
주님을 믿고 있습니다.

유월절이 다가오고 있었다.

많은 사람들이 유월절을 지키려고 예루살렘으로 왔다.

모든 사람이 그가 오는지 궁금해해요.

그가 온답니까?

누가 알겠어요!

사람들이 성전에 오지만, 다들 그 사람 얘기만 합니다!

사람들에게 그가 있는 곳을 우리에게 알리라고 일러두었어요. 그들이 우리에게 보고를 할 테니, 우리가 그를 체포할 수 있을 겁니다!

그가 어디에 있는지 내가 알아요!

나사로의 집에 있어요.

그렇소.

확실합니까?

많은 사람들이 거기 모여 있죠. 그들은 가만히 있지 않아요.

그들은 나사로가 죽었는데, 그 나사렛 사람이 다시 살려주었다고 말합니다!

말도 안 돼요!

사실이든 아니든, 사람들은 그걸 믿어요! 그리고 그 때문에 예수를 믿습니다!

우리는 나사로도 죽여야 합니다.

그건 더 의논할 필요가 있소.

지금은 더 긴급한 문제부터 처리해야 합니다.

온 세상이 그를 따르고 있는 것 같습니다. 우리는 어떻게 그를 체포하여 사람들에게서 떨어뜨려 놓을지 생각해야 합니다.

요한복음 11:57 ; 12:10-11, 19

유월절 전 일요일…

너희가 할 일이 있다.

뭐든지 말씀하십시오, 주님!

저기 있는 마을로 들어가라.

나귀 한 마리가 새끼와 함께 있는 것이 보일 것이다.

그 나귀 새끼는 아직 아무도 타보지 않았다.

이것이 예수님께서 말씀하신 것이구나.

그것들을 풀어서 나에게 데려와라.

이봐요, 그건 내 나귀들이오!

누가 너희에게 뭘 하냐고 묻거든, 이렇게 말해라…

지금 뭐 하는 겁니까?

어, 주께서 필요하시답니다.

곧 돌려주실 거예요.

예루살렘으로
계속 가자.

마태복음 21:8-9 ; 마가복음 11:8-10 ; 누가복음 19:36-38 ; 요한복음 12:12-13

다음날 아침, 그들은 베다니를 떠나
예루살렘으로 돌아갔다.

예수님은 배가 고프셨다. 조금 떨어진 곳에
나뭇잎이 무성한 무화과 나무가 있는 것을 보셨다.

예수님은 무화과가 있는지 보러 가셨으나
잎사귀밖에 없었다.

이제부터
아무도 네 열매를 먹는 이가
없을 것이다!

그들이 예루살렘에 돌아왔을 때 예수님은 성전에 들어가셨다.

여기에요! 비둘기가 필요하신 분들은 여기로 오세요!

제일 좋은 환율로 환전해 드립니다!

이곳은 내 아버지의 집이다. 그런데 저들이 여기서 뭘 하고 있는지 좀 봐라!

무슨 짓이오???

조심해!

이보시오!

난 적법한 사업을 하고 있소!

그건 내 상품이오!

당신이 뭔데 이러는 겁니까?

마태복음 21:12 ; 마가복음 11:15 ; 누가복음 19:45 ; 요한복음 2:13-15

성경은 "내 집은 만민이 기도하는 집이라 일컬음을 받으리라"고 선언하고 있다.

그런데 너희가 이곳을 강도의 소굴로 만들었다.

여기서 당장 나가라!

그리스도! 메시아!

하나님의 능력으로 우리를 낫게 해주실 수 있는 분이요!

우리는 당신에 대해 들었어요, 그분 맞으시지요?

그렇다. 내 친구여, 똑바로 걸어라.

그리고 너는 눈을 떠라.

시편 8:2 ; 마태복음 2:15-16 ; 마가복음 11:18 ; 누가복음 19:47-48

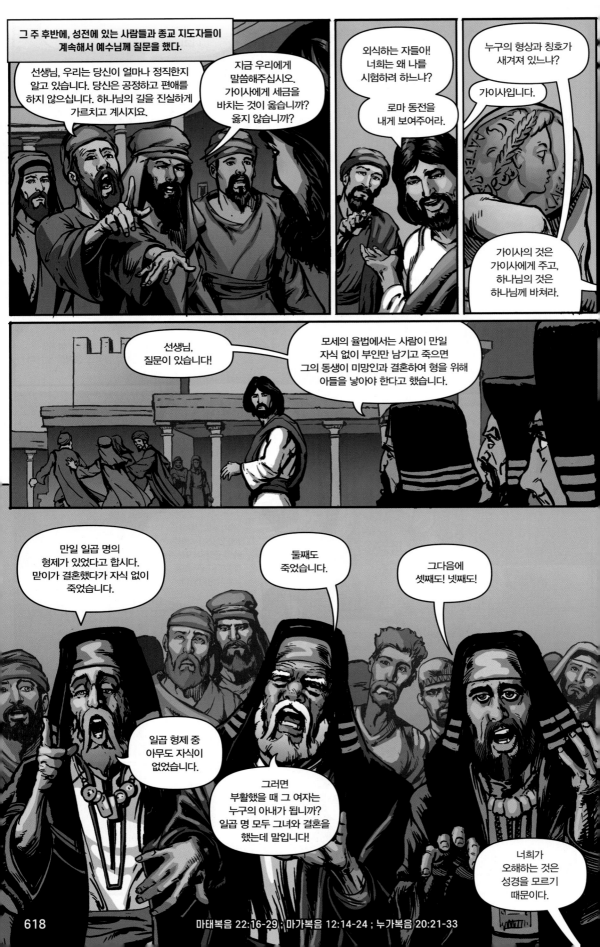

마태복음 22:16-29 ; 마가복음 12:14-24 ; 누가복음 20:21-33

결혼은 이 세상 사람들을 위한 것이다. 부활 때에는 아무도 결혼을 하지 않을 것이다. 부활이 있을 것에 대해선, 너희가 읽어보지 않았느냐?

어떻게 그렇습니까?

모세도 불타는 떨기나무에 대해 기록할 때 이것을 입증했다.

"나는 아브라함의 하나님이요, 이삭의 하나님이요, 야곱의 하나님이로다."

즉 하나님은 죽은 자의 하나님이 아니라 살아 있는 자의 하나님이시다.

너희가 잘못 생각한 것이다.

옳은 말씀입니다, 선생님!

저도 질문이 있습니다, 선생님!

가장 중요한 계명은 무엇입니까?

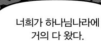

너희가 하나님나라에 거의 다 왔다.

너희는 메시아에 대해 어떻게 생각하느냐?

가장 중요한 것은 이것이다. "네 마음과 목숨과 뜻을 다하여 주 너의 하나님을 사랑해야 한다." 둘째 계명도 똑같이 중요하다. "네 이웃을 네 자신같이 사랑하라."

옳습니다.

그렇습니다… 하나님을 사랑하는 것과 이웃을 사랑하는 것… 이것이 번제와 제물보다 더 중요하지요.

그는 다윗의 자손입니다.

그렇다면 왜 다윗이 메시아를 "내 주"라고 부르느냐? "주께서 내 주께 이르시되, 너는 내 우편에 앉아 있으라… "

출애굽기 3:6 ; 레위기 19:18 ; 신명기 6:5 ; 시편 110:1 ; 마태복음 22:30-44 ; 마가복음 12:25-36 ; 누가복음 20:34-43

마태복음 22:45-23:39 ; 마가복음 12:37 ; 누가복음 20:44

이 종교적인 율법 선생들을 조심해라! 그들은 긴 옷을 입고 돌아다니는 것을 좋아한다.

그러나 그들은 뻔뻔스럽게 과부들의 재산을 가로챈다. 그들은 엄중한 벌을 받을 것이다. 이 불쌍한 과부가 보이느냐?

그들은 소득의 작은 일부를 냈다. 그러나 그녀는 생활비로 써야 하는 모든 돈을 드렸다. 그녀가 다른 모든 사람들보다 더 많이 드린 것이다.

선생님, 이 아름다운 건물들 좀 보세요! 이 인상적인 성벽의 돌들을 보십시오. 하나님께 드리는 웅장한 건물입니다!

이 훌륭한 건물들을 보아라. 이 모든 것들이 완전히 허물어질 때가 오고 있다. 돌 하나도 돌 위에 남아 있지 않을 것이다!

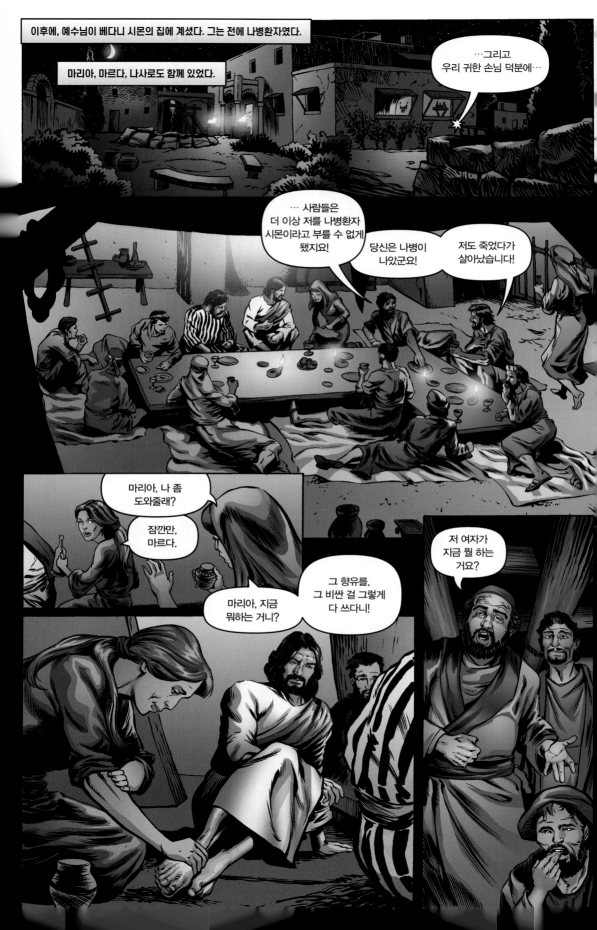

이후에…

대제사장님들을 만나러 왔습니다.

전에 당신을 본 적이 있소.

저는 나사렛의 제자들 중 한 사람입니다.

당신이 가룟 유다, 맞소? 돈을 관리하는 사람이라던데.

당신과 당신의 친구들에 대해 많이 알고 있소.

제가 누군지 아십니까?

저도 당신들에 대해 많이 알고 있습니다.

당신들이 우리 주님과 무슨 문제가 있는지도.

여기에 왜 온 거요?

제가 도와드리고 싶습니다.

우리의 문제를 해결할 방법은 하나밖에 없다는 걸 아시지요.

하지만 유월절 행사 동안은 안 됩니다… 그러면 사람들이 폭동을 일으킬 거요.

제가 예수를 넘겨드리면 얼마를 주시겠습니까?

왜 그렇게 하려는 것이오?

나름의 이유들이 있습니다.

마태복음 26:3-5, 14-15 ; 마가복음 14:1-2, 10 ; 누가복음 22:1-4

네가 지금은 이해하지 못하나 언젠가 알게 될 것이다.

아닙니다, 주님은 제 발을 씻기지 못하십니다!

내가 너를 씻어주지 않으면 너는 내 사람이 될 수 없다.

그러면 주님…

… 제 발뿐 아니라 손과 머리도 씻어주십시오!

목욕한 사람은 발만 씻으면 된다. 너희 제자들은 깨끗하다.

하지만 너희 모두는 아니다. 내가 무엇을 하고 있는지 알겠느냐?

너희는 나를 "선생"과 "주"라고 부르는데, 너희 말이 옳다.

내가 너희 발을 씻어주었으니 너희도 서로의 발을 씻어 주어야 한다. 내가 진실로 말하노니, 종이 주인보다 크지 못하다.

나는 이것을 너희 모두에게 말하는 것이 아니다. 이것은 "내 음식을 먹는 자가 나를 배반하였다"는 성경 말씀을 이루려는 것이다. 참으로 너희 중 한 명이 나를 배신할 것이다!

나를 배반하는 자는 큰 화를 당할 것이다. 그는 차라리 태어나지 않는 것이 더 나을 뻔했다!

그게 누굽니까?

전 아니에요!

혹시 나인가?

아버지,
이 떡을 주셔서 감사합니다.

이것은
너희를 위해 주는
내 몸이다.

이것을
받아 먹어라.

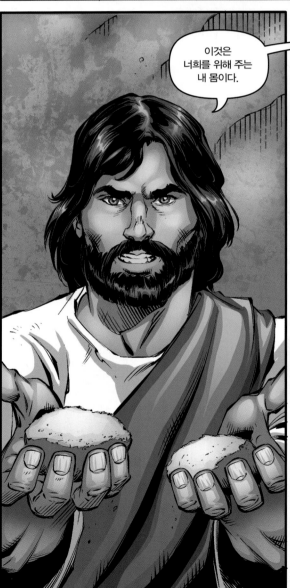

나를 기념하여라.

이것을 행하여…

마태복음 26:26 ; 마가복음 14:22 ; 누가복음 22:19

나는 조금만 더 너희와 함께 있을 것이다. 내가 너희에게 새 계명을 준다. 내가 너희를 사랑한 것처럼 서로 사랑해라. 너희가 서로 사랑하는 것이 곧 너희가 내 제자임을 증명할 것이다.

주님…

…어디로 가시려는 겁니까?

지금은 네가 나와 함께 갈 수 없으나 나중에 나를 따라올 것이다.

왜 안 됩니까, 주님? 저는 주님을 위해 죽을 각오도 되어 있습니다.

오늘 밤은 아니다. 너희 모두가 나를 버릴 것이다.

성경에서는 "목자를 치면 양떼가 흩어지리라"고 말한다.

다른 사람들은 다 주님을 버리더라도 저는 그러지 않을 겁니다.

시몬아, 사탄이 너희 각 사람을 밀 까부르듯 하려고 요구하였다.

하지만 나는 네 믿음이 떨어지지 않도록 기도했다. 네가 뉘우치고 다시 나에게 돌이킨 후에는 네 형제들을 굳게 하여라.

주여, 저는 감옥에도 가고, 심지어 죽을 각오도 되어 있습니다.

내일 닭이 울기 전에 네가 세 번 나를 부인할 것이다.

아닙니다! 절대 안 그럴 거예요!

우리도 그러지 않을 겁니다!

절대 주님을 부인하지 않을 거예요!

절대 주님을 떠나지 않을 겁니다!

너희는 근심하지 말아라. 하나님을 믿으니 또 나를 믿어라.

내가 가서 거처를 준비할 것이다. 모든 것이 준비되면 내가 와서 너희를 데려갈 것이다. 내가 어디로 가는지 그 길을 너희가 안다.

아니오, 저흰 모릅니다, 주님. 저희가 어떻게 그 길을 알겠습니까?

내가 길이다, 도마야.

내가 곧 길이요 진리요 생명이다. 나를 통하지 않고는 아무도 아버지께로 올 수 없다. 아버지께서 너희에게 성령을 주실 것이다. 그 성령이 너희에게 모든 것을 가르쳐주고 또 내가 너희에게 말한 모든 것을 생각나게 해주실 것이다.

내가 너희에게 한 가지 선물을 주고 떠나니, 그것은 곧 마음의 평안이다. 내가 복음을 전하라고 너희를 보낼 때 너희에게 필요한 것이 있더냐?

없었습니다!

그러나 이제는 돈과 배낭도 챙겨 가라. 검이 없으면 겉옷을 팔아서 사라!

저희에게 검이 두 개 있습니다!

그거면 충분하다.

저에게 그중 하나를 주시면 어떨까요?

나는 너희와 이야기할 시간이 많지 않다. 하지만 아버지께서 나에게 요구하시는 일을 행할 것이니, 그로써 세상이 내가 아버지를 사랑하는 줄 알 것이다.

내가 구원의 잔을 들고
나를 구원하신 여호와의 이름을 찬송하리.
내가 주께 한 약속들을 지킬 것이로다.

주께서 사랑하는 자들의
죽음은 여호와께 귀중한 것이로다.
오, 주여, 저는 주의 종입니다.

…그들은 감람산으로 갔다.

나는 참 포도나무요,
내 아버지는 농부이다.
그는 열매를 맺지 않는
나의 가지들을 모두 제거하신다.
내 안에 거하는 자들은 많은 열매를
맺을 것이다. 너희가 많은 열매를
맺을 때 나의 참 제자가 된다.
이로 인해 내 아버지께서
큰 영광을 받으신다.

사람이 친구를 위해
자기 목숨을 버리는 것보다
더 큰 사랑이 없다.

내가 명한 대로 행한다면
너희는 곧 나의 친구들이다.

나는 더 이상 너희를 종이라
부르지 않으리니…

…주인은
자기 종에게 비밀을
털어놓지 않기
때문이다.

아버지께서
내게 하신 모든 말들을
내가 너희에게 하였으니
너희는 내 친구들이다.

너희는 울고 애통해할 것이나,
세상은 기뻐할 것이다. 그러나 너희의
슬픔은 놀라운 기쁨으로 변할 것이다.
곧 내가 아버지에 관한 모든 것을
명백하게 말할 것이다.

뭐 때문에 저리도
괴로워하시는 걸까?

얼굴이 너무
슬퍼 보였어…

저렇게 힘들어하시니
나도 마음이 무거워.

아바
아버지!

아버지께는
모든 것이
가능합니다.

제발 이 고난의 잔을
저에게서 옮겨주옵소서.

아버지의 뜻이라면,
이 잔을 제게서
옮겨주옵소서!

그러나 제 뜻이
아니라 아버지의 뜻이
이루어지기를 원합니다.

얼마 후…

시몬아!

네가 잠들었느냐?

네가 한 시간도 나와 함께 깨어 있을 수 없더냐?

시험에 들지 않게 깨어 기도해라.

죄송합니다, 주님.

마음은 원하지만 육신이 약하구나!

내 아버지여! 만일 제가 마시지 않고는 이 잔이 제게서 지나갈 수 없다면, 아버지의 뜻대로 해주십시오.

곧…

네가 다시 자고 있느냐?

마태

랍비님!

유다?

네가 입맞춤으로 인자를 팔아넘기려는 것이냐?

그래, 네가 하려던 일을 해라.

저것이 신호다!

저 사람이야!

누구를 찾으러 왔소?

나사렛 예수를 찾고 있소.

당신들이 찾는 사람은 나요.

이 사람들은 보내주시오.

주님!

우리가 싸울까요? 우리에겐 검이 있습니다!

우리와 함께 갑시다.

그 손 당장 치우지 못해!

그만둬!

이봐, 당신은 갈릴리 사람 아니오?

맞소.

말투를 들으니 알겠군. 그럼 당신도 이 사람을 따르던 사람이 아니오?

여보시오, 난 당신이 무슨 말을 하는지 모르겠소.

올리브 동산에서 보지 않았소?

당신이 내 친척의 귀를 베었잖소!

난 그 사람을 모르오!

당신이 무슨 말을 하고 있는지 모르겠다고.

꼬끼오

저기 봐요, 사람들이 그를 끌고 나옵니다!

꼬끼오!

꼬끼오!

사형 선고를 내렸답니다.

그렇게 할 수 있을까요?

물론! 당연히 그래야죠.

공식적인 명령을 내리기 위해 빌라도에게 데려가는 겁니다.

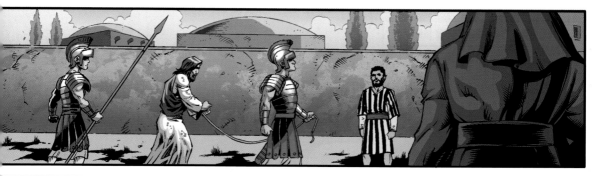

결국… 주님의
말씀대로…

안 돼.

그때 베드로는 깨달았다.

내가 대체
무슨 짓을
한 건가?

유다도 자기가 한 선택의 막중함을 깨달았다.

내가 무슨 짓을 한 건가?

빌라도가 동의할까요? 그렇게 해준다면 일이 한결 수월해질 텐데 말입니다.

내가 죄를 지었소.

그게 우리와 무슨 상관이오?

내가 무고한 사람을 넘겨주었단 말이오. 이 돈을 다시 가져가시오!

그럴 순 없소!

당신은 모르오!

나는 절대 그러지 말았어야 했소!

쿠

쿵

여기서 당장 나가시오!

쨍그랑

쨍그랑

쨍그랑

644

마태복음 27:3-5

당신들이 혁명가를 데리고 왔다고 들었소!

그런데 왜 이렇게 서두르는 것이오?

이 사람은 위험한 범죄자입니다! 체제를 전복시키려는 랍비에요!

그는 가이사에게 세금 내는 것을 반대합니다.

그리고 자신을 유대인의 왕이라고 합니다. 메시아라고!

그렇소?

당신이 유대인의 왕이오?

당신이 말한 대로요.

봤지요?

그럼 그를 데려가 재판을 하십시오, 가야바.

이미 했소!

하지만 오직 로마인들만 사람을 처형할 권한이 있소.

우린 할 수 없소.

궁전 안···

당신에게 마음이 끌리오, 예수.

혁명가처럼 보이지는 않소. 하지만 당신은 그들을 몹시 화나게 했소.

당신이 유대인의 왕이오?

이것은 당신이 생각해낸 질문이오?

아니면 다른 사람들이 나에 대해 말해주었소?

내가 유대인이오?

마태복음 27:11-14 ; 마가복음 15:2-5 ; 누가복음 23:2-3 ; 요한복음 18:28-35

당신 나라 사람들이 당신을 나에게 넘겨 재판하게 했소. 이유가 무엇이오? 무슨 짓을 했소?

내 나라는 이 세상 나라가 아니오.

그럼 당신이 왕이오?

당신이 내가 왕이라고 말했소. 진리를 사랑하는 자들은 모두 내 말이 진리임을 아오.

진리?

무엇이 진리요?

다시 문 앞…

나는 이 사람에게서 아무 잘못을 찾지 못하겠소! 그는 죄가 없소.

하지만 그는 갈릴리에서부터 예루살렘까지 사람들을 가르치며 선동하고 있소!

오, 그가 갈릴리 사람이오? 그렇다면 어떻게 해야 할지 알겠소.

…그곳은 헤롯의 관할 구역이었다.

너에 대해 많이 들었다!

오랫동안 너를 만나고 싶었다.

그런데 마침 빌라도가 널 나에게 던져주었구나. 고맙게도!

자, 네가 행한 기적 중 하나를 보여줘 봐라!

헤롯 왕이시여, 그는 자기가 유대인의 왕이라고 합니다!

안다! 나도 알아!

그리고 자기가 하나님의 아들이랍니다!

게다가…

"유대인의 왕"?

그는 자신을 변호하지 않는구나.

내 옷 중 제일 좋은 걸 가져와 입히고 그를 다시 빌라도에게 데려다주어라!

나는 그를 처형할 이유를 찾지 못했소. 헤롯도 같은 결론을 내리고 그를 돌려보냈소.

나는 그를 때리고 풀어주겠소.

안 됩니다!

그 이단자를 죽이시오!

그 거짓말쟁이를 죽이시오!

총독님, 아내분이 이걸 보내셨습니다.

다른 죄수를 데리고 나와라.

그 죄 없는 사람을 놓아주세요. 지난 밤에 그에 대한 끔찍한 악몽에 시달렸어요.

당신들의 유월절에 행하던 전례대로… 당신들에게 선택권을 주겠소.

우리는 매년 죄수 한 사람을 놓아줍니다.

내가 누구를 놓아주길 바라오? 악명 높은 죄수 바라바요, 아니면 메시아라 불리는 예수요?

바라바요!

바라바를 주시오!

예수는 안 됩니다!

예수가 무슨 죄를 범하였소? 내가 예수를 어떻게 해야 하는 거요?

십자가에 못 박으시오!

십자가에 못 박으시오!

죽이시오!

나는 이 일에 관여하지 않겠소!

이 사람의
피에 대해
나는 죄가 없소.
당신들이
책임지시오!

우리와 우리 자손들이
책임지겠소!

바라바를
풀어주어라!

예수는
데려가서
채찍질을 해라.

군인들이 예수를 채찍질하려고 공관으로 옮겼다.

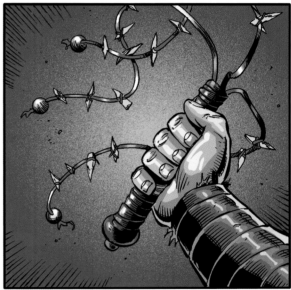

그들은 예수님을
채찍으로 때리고 또 때렸다.

총독의 군병들이
예수님을 관정 안으로
데려가 온 군대를
불러 모았다.

유대인의
왕에게!

왕은 왕관이
있어야지.

홀도
필요하지.

만세!
유대인의
왕이여!

모두 유대인의
왕께 만세!

잠깐, 왕관을
확실하게 씌워야…

…벗겨지지 않지!

마태복음 27:27-30 ; 마가복음 15:16-19 ; 요한복음 19:2-3

내가 그를 데리고 나왔소. 그러나 나는 그에게서 죄를 찾지 못했소.

그는 죽어야 마땅하오!

그를 십자가에 못 박으시오!

나는 그의 죄를 찾지 못했소.

우리 법에 따르면 그는 자신을 하나님의 아들이라 했기 때문에 죽어야 하오.

내가 다시 한번 그와 이야기해보겠소.

그를 내 관정으로 데려오시오!

당신은 어디에서 왔소? 왜 내게 말하지 않는 거요?

내가 당신을 놓아줄 권한도, 십자가에 못 박을 권한도 있다는 걸 모르오?

위에서 주지 않으셨더라면 당신에겐 나를 어찌할 권한이 전혀 없었을 것이오.

저들은 당신을 죽이라고 요구하고 있소.

하지만 당신은 자신을 변호하지 않는군요!

마지막으로, 빌라도가 예수를 밖으로 데리고 나왔다.

빌라도는 돌을 박은 자리라 불리는 재판석에 앉았다.

그들은 예수님을 실컷 조롱하고는 옷을 벗겼다…

…그리고 원래 그의 옷을 다시 입혔다.

마태복음 27:32 ; 마가복음 15:21 ; 누가복음 23:26

여자들아.

너무 늦게 와서 죄송합니다.

나를 위해 울지 마라. 대신 너희 자신과 너희 자녀들을 위해 울어라.

사람들이 산을 향해 "우리 위에 무너져 내려라" 하고, 언덕에 대고 "우리를 덮어 버려라" 하고 말할 날이 오고 있다. 나무가 푸른 계절에 이런 일들이 일어난다면, 하물며 나무가 마를 때는 무슨 일이 벌어지겠느냐?

골고다 - "해골의 곳"

아침 9시

여기요. 이게 도움이 될 겁니다.

그게 무엇이냐?

포도주와 쓸개즙입니다.

됐다.

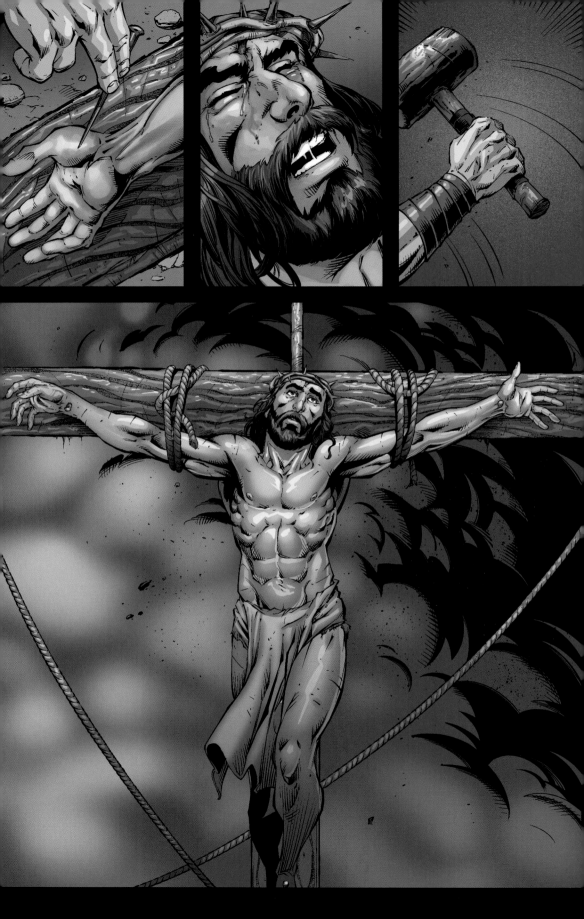

그게 무엇이오?

빌라도가 만든 것이오. "예수, 유대인의 왕" 이라고… 세 언어로 쓰여 있소.

빌라도는 그의 죄를 모든 사람이 알기를 원하는군요.

유대인들은 좋아하지 않겠군.

어쨌든 빌라도는 신경 쓰지 않을 겁니다.

잘 보시오! 이 옷은 솔기가 없소!

그럼 어떻게 나누지? 안타깝지만 찢으시오. 그럼 다 너덜너덜해지겠지!

나한테 좋은 수가 있소. 주사위를 던지시오!

네가 하나님의 아들이라면 네 자신을 구원하고 십자가에서 내려와봐!

내가 이겼다! 이건 내 거요! 하!

장난 그만하고 일이나 합시다!

그는 성전을 허물고 3일 만에 다시 짓겠다고 했소. 우리가 그걸 볼 수 있으려면 그가 십자가에서 내려와야만 하오.

만일 그가 그렇게 한다면 내가 그를 믿겠소.

아버지… 저들을 용서하소서… 저들은 자기들이 뭘 하고 있는지 모릅니다.

요한복음 19:25-27

엘리, 엘리 라마 사박다니?
나의 하나님, 나의 하나님,
어찌하여 나를 버리셨습니까?

내가… 내가
목이 마르다…

우리가 이걸 그에게
갖다주겠소!

그게
무엇이오?

신 포도주요.

그러시오.

다… 이루었다!

아버지, 내 영혼을
아버지 손에 맡깁니다!

그때…

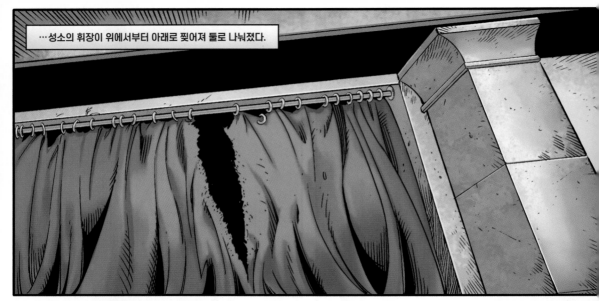

… 성소의 휘장이 위에서부터 아래로 찢어져 둘로 나눠졌다.

무덤이 열렸고,
경건한 사람들의 몸이 살아났다.

가자.
이제 여기는 우리가 있을 만한 곳이 아니야.

이 사람은 참으로 하나님의 아들이었다!

확실히 이 사람은 결백했어.

유대 지도자들은 내일 시체들이 여기 매달려 있는 걸 원치 않소. 내일은 그들의 안식일이니까. 두 강도들의 다리를 꺾어 더 빨리 죽게 하시오.

"유대인의 왕"도요?

그는 이미 죽었소.

창으로 찔러 확인해보고…

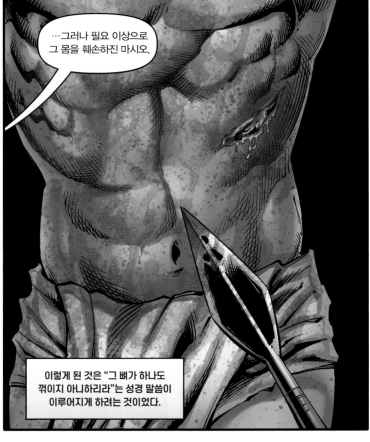

…그러나 필요 이상으로 그 몸을 훼손하진 마시오.

이렇게 된 것은 "그 뼈가 하나도 꺾이지 아니하리라"는 성경 말씀이 이루어지게 하려는 것이었다.

아리마대 사람 요셉과 니고데모가 멀리서 지켜보고 있었다.

이건 잘못돼도 한참 잘못됐소.

우리가 뭘 할 수 있겠소?

만약 우리가 뭐라도 한다면 우리 정체가 발각될 것인데.

나도 알고 있소! 하지만 뭐라도 해야 되겠소…

여기 와서 이런 요구를 하다니 참 용감하군요.

공회 의원으로서 당신의 지위와 명예를 잃을 수도 있는데 말이오.

우린 이 모든 일을 막기 위해 아무것도 할 수 없었습니다.

하지만 적어도 그를 위해 이 정도는 할 수 있습니다.

총독님, 다 확인했습니다. 그 유대인은 죽었습니다.

놀랍군! 이렇게 빠르게 진행되다니! 아주 좋아.

내가 명을 내리겠소.

내 병사들이 그의 시체를 당신에게 내어줄 것이오.

마태복음 27:57-59 ; 마가복음 15:42-46 ; 누가복음 23:50-53 ; 요한복음 19:38-40

가자. 안식일 후에 다시 와서 챙겨드리자.

안식일에 쉬는 시간을 이용하면 돼.

쉰다고? 이런 날 다음에 누가 쉴 수 있겠어?

다음날…

저 사기꾼이 예전에 "삼일 만에 내가 죽은 자 가운데서 살아날 것이라"고 말했소.

나에게서 뭘 더 원하는 것이오?

어제는 두 사람이 와서 그의 시체를 달라고 하더니!

셋째 날이 될 때까지 그 무덤을 굳게 지켜 주시오.

그래야 그의 제자들이 그의 시체를 훔쳐가고는 사람들에게 그가 죽었다가 살아났다고 말하는 걸 막을 수 있을 것이오.

만약 그렇게 되면 상황이 전보다 더 나빠질 것이오.

좋소. 경비병들을 데려가 최대한 단단히 지키시오.

그리고 이걸로 끝냅시다!

무덤은 단단히 막아놓았습니다.

다 끝난 건 아닙니다. 유다를 기억하시지요?

그가 근처 밭에서 스스로 목숨을 끊었습니다!

드디어 끝났군요.

흠.

그 밭을 사시오. 그리고 그곳을 "피밭"이라 부르시오.

그곳은 외국인들을 위한 묘지로 쓸 것이오.

그날 저녁…

이거면 충분할 거야.

그럼 우리 아침에 가는 거야?

이건 꼭 해야 해.

예수님이 돌아가실 때 사람들이 그분의 몸을 더럽혔지만, 이제 우리가 안식에 들어가신 그분을 높여드릴 거야.

경비병들이 지키고 있다고 들었는데!

좋아…

다음날 아침…

…그 사람들한테 돌 옮기는 걸 도와달라고 해보자.

마태복음 28:2-3

무덤 근처

또 지진이 났나?

하지만 이 무덤은…

오!

오, 안 돼!

…그는 살아나셨다!

그가 갈릴리에서 너희에게 하신 말씀을 떠올려보아라. 인자가 죄인의 손에 넘겨져 십자가에 못 박히고…

…제삼일에 다시 살아나리라.

이제 가서 그의 제자들에게 말해라.

베드로를 포함해서!

예수님이 너희보다 먼저 갈릴리로 가셨다고, 거기서 너희는 그를 볼 것이다.

베드로! 요한! 문 좀 열어봐요!

그들이 예수님의 시체를 가져갔어요!

어디다 두었을까요?

마리아, 지금 무슨 얘길 하는 거요?

예수님의 시체 말이에요! 그분이 사라졌어요!

예수님의 무덤이 텅 비었어요!

누가복음 24:12 ; 요한복음 20:3-13,15

…네가 왜 울고
있느냐?

누구를
찾고
있느냐?

네?
그를
어디다
두었는지
알려주세요.

마리아야!

선생님!

나를 붙잡지 말아라.
내가 아직 아버지께 올라가지 않았다.
가서 내 형제들을 찾아 전해라…

…내가 내 아버지이자
너희 아버지께 올라간다고…

…내 하나님이자
너희 하나님께.

잠시 후…

왔구나!

정말
주님이세요?

진짜 살아
계셨군요?!

두려워하지 말아라!
가서 내 형제들에게
갈릴리로 가라고 전해라.
그러면 거기서
나를 보게 될 것이다.

다른 곳에선…

어떻게 그런 일이 있단 말이오!

믿든 안 믿든, 그들이 말하는 일이 실제로 일어났습니다.

그를 완전히 처리했다고 생각했는데.

그럴 겁니다! 지금 나에게 한 가지 계획이 있어요.

너희 모두에게 돈은 충분히 주겠다.

너희는 이렇게 말해야 한다. "예수의 제자들이 밤중에 와서 그의 시체를 훔쳐갔다…

…우리가 자는 동안."

우리가 이렇게 실패했다고 말하면 어떻게 될지 아십니까?

총독이 그 얘길 듣게 된다면 우리가 너희를 옹호해줄 거다. 너희가 곤란해지지 않게 해주겠다.

그러나 만일 사람들이 이 사실을 알게 된다면? 초자연적인 존재들이 그의 무덤에 왔다는 걸?

그건 곧 그 사람이 했던 모든 말을 사실로 입증해주는 것이다. 아무도 그걸 알게 해서는 안 된다!

우린 모든 사람에게 알려야 해요!

난 주님을 뵈었어요! 정말 살아 계세요!

우리 가족들은 뭐라고 할까?

어찌 됐든 우리가 그분을 따른 건 옳은 일이었어.

안녕하세요!

무슨 얘길 그렇게 진지하게 나누십니까?

지금 일어난 일에 대해 듣지 못한 사람은 당신밖에 없을 것 같네요.

무슨 일이 있었나요?

나사렛 사람, 예수는 강력한 기적들을 행한 선지자였어요.

하지만 우리 제사장들과 지도자들이 그에게 사형 선고를 내렸고, 그를 십자가에 못 박았어요. 그런데 몇몇 여자들이 말하기를 그의 시체가 사라졌고 그가 살아 계시다고 하네요.

확실한 건 그의 시체가 사라졌다는 거예요.

지진과 천사들과 온갖 일들에 대해 이야기가 들렸어요.

당신들은 선지자들의 말을 믿기가 그렇게 어려운 거군요.

메시아가 고난을 받아야 한다는 것은 분명히 예견된 사실이 아니었습니까?

들어보세요, 모세는 그것에 대해 기록했습니다…

그리고 그는 모세와 선지자들의 글부터 시작해서 성경 전체를 우리에게 설명해주었소!

참 이상했소. 처음엔 그가 아무것도 모르는 것 같았는데…

…나중엔 그가 그 모든 걸 알고 있다는 걸 드러냈소.

하지만 그가 드러낸 사실은 그것뿐만이 아니었소!

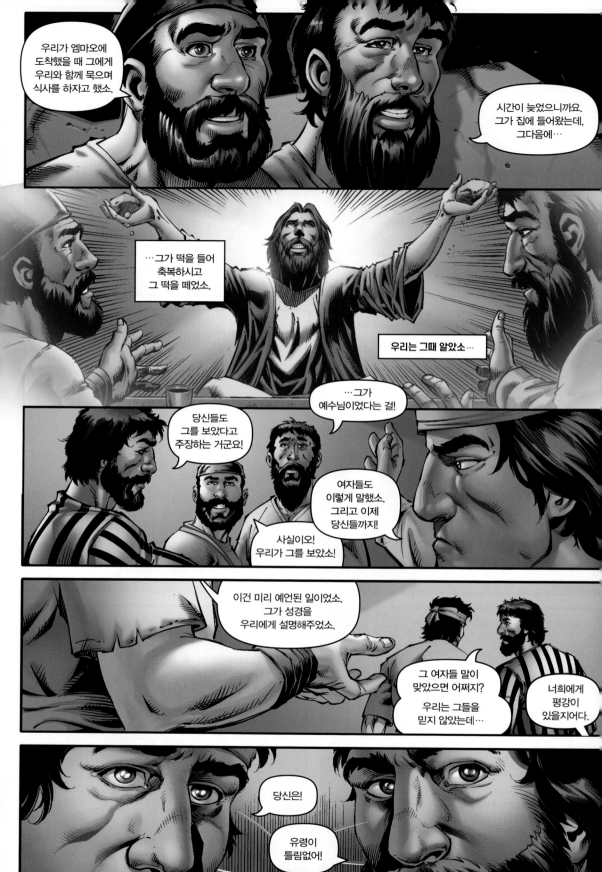

마가복음 16:11, 13 : 누가복음 24:11, 28-37 : 요한복음 20:19

어째서 너희 마음에 의심이 가득하냐? 내 손과 발을 보아라.

유령은 몸이 없으나, 너희가 보다시피 나는 몸이 있다.

너희가 모두 고집이 세서, 형제와 자매들을 믿지 못하는 것이냐?

나다!

여기 먹을 것이 좀 있느냐?

방금 저녁식사로 생선을 구웠습니다.

좀 드시지요!

아버지께서 나를 보내신 것처럼 나도 너희를 보낸다.

성령을 받아라.

너희가 누구의 죄든지 용서해주면 그 죄가 용서될 것이다.

너희가 용서하지 않으면 그 죄는 그대로 있을 것이다.

도마는 어디 있느냐?

그는 절대 믿지 않을 것인데…

8일 뒤…

난 못 믿겠소!

하지만 그 여자들은?
글로바는?
우리 모두는?
우리 중 아무도
믿지 못하겠다는
거요?

그렇소…

…그 손의 못 박힌
상처를 직접 보고…

…그리고 그 상처에
내 손가락을
넣어보기 전까지는.

그리고 당신의 손을
그 옆구리에 넣어보겠지요.

알겠어요.
알겠어.

너희에게
평강이 있을지어다.

뭐지…?
분명 문이 잠겨
있는데…

네 손가락을 내밀어
내 손을 만져보라.

믿음 없는 자가 되지 말고,
믿어라!

나의 주,
나의 하나님!

너는 나를 보았기에 믿는구나.
나를 보지 못하고 믿는 자들은
복이 있을 것이다.

오랜만이오, 친구들.

나는 고기를 잡으러 가겠소.

베드로, 우리도 같이 가겠소.

밤이 깊어가는데⋯.

예수님께서 우리가 사람들을 낚을 거라고 말씀하셨던 날을 기억하시오?

결국 이렇게 될 줄 몰랐소.

⋯결과는 예상과 달랐다⋯

도움이 필요하오?

아니오.

또 텅 비었소!

⋯그 일이 있기 전까지는⋯

전에도 이렇게 고기가 안 잡혔던 적이 한 번 있었는데.

얘들아!

아무렴…

그렇고 말고!

주님!

방금 잡은 고기들을 좀 가져오너라.

자, 이리 와라. 아침식사를 준비했다.

아침식사 후…

예수님은 그들에게 떡과 생선을 주셨다.

요한의 아들, 시몬아…

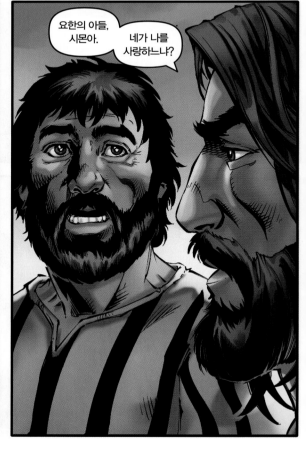

갈릴리-예수님이 제자들에게 처음 나타나신 지 40일 후

주님이 우리에게 오라고 하신 곳이 여기인가?

주님은 어디 계시오?

주님이 원하시는 것이 무엇이오?

왔구나, 나의 친구들아!

무슨 일입니까?

모세의 율법과 선지자들의 글과 시편에 기록된 나에 관한 모든 것이 이루어져야 한다.

메시아가 고난을 당하고 죽었다가 삼일째에 다시 살아나리라는 것은 오래 전에 기록되었다.

또한 이 메시지는 그의 이름으로 모든 족속에게 전파될 것이다. "회개하는 모든 자들은 죄사함을 받는다"…

…예루살렘에서부터 시작하여.

나에겐 하늘과 땅의 모든 권세가 주어졌다.

너희는 온 세상에 다니며 모든 사람에게 복음을 전하라.

갈릴리 사람들아,
왜 여기 서 있느냐?

왜 하늘을
쳐다보고 있느냐?

예수님이 하늘로
올라가셨으나, 그가
가실 때 너희가 본 모습
그대로 언젠가 다시
오실 것이다!

제자들은 예루살렘으로 돌아왔고,
예수님이 약속하신 성령을 받은 후
모든 곳에 복음을 전하였다.

제자들은 예수님이 이 외에도
많은 표적들을 행하시는 것을
보았다.

그것들이 다 기록되었다면,
온 세상이 그 기록한 책들을
다 담을 수 없었을 것이다.

그곳에 있던 모든 사람이 성령으로 충만해져서
다른 언어들로 말하기 시작했다.

그들은 단지 술에
취한 것뿐이오!

맞아요. 잔치 때
너무 많이 마셨어요.

너희의 자녀들은 예언을 할 것이다. 너희 젊은이들은 환상을 보고 늙은이들은 꿈을 꾸리라. 주의 이름을 부르는 자는 누구든지 구원을 받을 것이다."

이스라엘 사람들이여, 하나님께서 예수를 공개적으로 지지하셨으나 여러분이 그를 십자가에 못 박아 죽였습니다. 하나님은 예수를 죽음에서 살리셨고, 우리는 모두 이 일의 증인들입니다.

여러분은 각각 자신의 죄를 회개해야 합니다. 세례를 받고 성령의 선물을 받으십시오.

요엘 2:28-32 ; 사도행전 2:14-40

나사렛 목수는 신성 모독자였습니다!

우리는 그 "신성 모독자"가 죽는 걸 지켜보았죠. 하지만 그 후에 여러 번 그가 살아 있는 것이 목격되었소!

내가 경고하는데, 만일 그의 추종자들이 은혜의 복음이라고 부르는 이 교리를 우리가 박살내지 않으면 우린 다 끝입니다!

우리는 백성들이 모세의 율법으로 돌아가게 해야 합니다. 그것이 그들의 유일한 구원의 소망이에요!

그들의 유일한 구원의 소망은 하나님께 있지 않습니까?

어쩌면 하나님이 세상 죄를 위한 희생 양으로 그 아들을 보내신 거라면요?

그런 바보 같은 소리 좀 그만하시죠…

…신성모독입니다!!!

사울! 모세 율법의 어느 부분에서 너보다 나이 많은 분들을 그렇게 무시해도 된다고 말하더냐?

출애굽기 8:7-8 ; 신명기 18:15 ; 사도행전 7:2-37

스데반은 반란, 정복, 그리고 다윗이 이스라엘의 왕위에 오른 것에 대해 이야기했다.

다윗의 아들, 솔로몬은 하나님을 위해 성전을 지었습니다. 그러나 가장 높으신 분은 인간의 손으로 만든 성전 안에 사시지 않습니다.

선지자는 이렇게 말합니다. "하늘은 나의 보좌요 땅은 나의 발판이다.

'너희가 나를 위하여 무슨 집을 지으랴?'고 여호와께서 물으신다. '내 손이 하늘과 땅을 다 짓지 않았느냐?'"

그는 성전을 반대하고 있소!

성전은 하나님이 거하시는 곳이오! 당신은 신성을 모독하고 있소!

갑자기 스데반의 관심은 예수님의 죽음으로 향했다.

완고한 사람들이여, 당신들은 영원히 성령을 거역해야겠습니까?

당신네 조상들이 한 일을 당신들도 하고 있습니다! 당신네 조상들이 박해하지 않은 선지자가 한 사람이라도 있었는지 말해보십시오!

스데반은 이스라엘이 회개를 요구하는 선지자들의 말을 듣지 않았던 것처럼…

…그들도 예수님을 참된 메시아로 보지 않았다고 주장했다.

사도행전 7:52-53

사도행전 13:13

721

바울은 실라와 함께 가기로 했고, 그가 떠날 때 신자들이 주의 은혜로운 돌보심을 간구했다.

데살로니가
베뢰아
암비볼리
빌립보
네압볼리
아볼로니아
드로아
에베소
비시디아 안디옥
CNIDUS RHODES
이고니온
루스드라
더베
다소
안디옥
CYPRUS
다마스쿠스
SIDON
TYRE
PTOLEMAIS
가이사랴
예루살렘

그들은 시리아와 길리기아를 돌아다니며 그곳의 교회들을 견고하게 했다.

사도행전 15:40-41

그들이 드로아에 이르렀을 때 누가가 그들의 여행에 합류했다.

그들은 배를 타고 그리스로 향했다.

로마 식민지인 빌립보에 도착했고, 그곳에 며칠간 머물렀다.

그들은 안식일에 성 밖으로 조금 나가서 거기에 기도하러 모여 있는 몇몇 여자들과 이야기를 나누었다.

전혀 주저함이 없는 바울이 이야기를 시작했다.

더러운 것은 강물에 담그면 씻길 것입니다…

…우리가 죄에서 깨끗해지는 방법을 알려드리겠습니다.

비싼 자색 옷감을 파는 상인, 루디아는 우리의 말을 주의 깊게 들었다. 하나님이 그녀의 마음을 열어 주셔서, 그녀는 바울의 말을 받아들였다.

그녀와 그녀의 가족들이 모두 세례를 받았다.

저희 집에 오셔서 묵으세요.

우리가 어떻게 그 자매의 제안을 거절할 수 있겠는가?

사도행전 16:16-18

그러나 행복하게 끝났으면 좋았겠으나, 그 일은 많은 문제의 발단이 되었다.

그 여자의 주인들은 이제 그녀를 통해 돈을 벌 수 없게 됐다.

마귀가 그녀의 점치는 능력을 빼앗아버렸기 때문이다.

온 도시에 난리가 났습니다!

이 사람들이 부당한 풍속을 가르치고 있어요.

바울과 실라는 심하게 매를 맞고 감옥에 던져졌다.

이것을 보는 누가는 죽을 듯이 괴로웠지만, 그는 아무 힘이 없었다.

시편 31:1-2 ; 사도행전 16:24-25

바울과 실라는 그 후 암비볼리와 아볼로니아를 거쳐 데살로니가로 왔습니다.

나는 빌립보에 남았으나 다시 바울과 동역하는 날이 오기를 바랐습니다.

세 안식일에 걸쳐 바울은 잇달아 성경 말씀을 가지고 사람들과 토론을 했다.

메시아가 고난을 당하고 죽은 자 가운데서 다시 살아나신 것은 꼭 필요한 일이었습니다.

그 말을 들은 유대인들 중 일부는 설득을 당하여 바울과 실라에게 합류했으나, 일부 유대인들은 시기했다.

야손! 문 열어!

그 이단자들을 넘겨!

바울과 실라는 온 세상을 소란스럽게 했습니다.

그리고 야손은 그들을 자기 집으로 맞아들였습니다.

그 성의 관원과 사람들은 이 말을 듣고 혼란에 빠졌다.

한편, 바울은 내륙 지방들을 거쳐 다시 에베소에 이르렀다.

거기서 예수님을 믿는 참된 신자들 안에 거하시는 하나님의 성령에 대해 들어보지 못한 열두 명의 제자들을 발견했다.

바울은 회당에서 석 달 동안 담대하게 설교를 하며…

…하나님나라에 대해 강론을 했다.

몇몇 사람들이 그 도를 비방하자, 바울은 2년 동안 두란노 서원에서 날마다 강론을 했다.

그래서 그 지방에 사는 모든 사람들이 듣게 되었고…

…또 그들이 온 아시아에 그 복음을 전했다.

하나님은 바울에게 특별한 기적을 행하는 능력을 주셔서,
그가 전하는 복음의 진리를 확증해주셨다.

그의 몸에 닿았던 손수건이나 앞치마를 병든 사람에게 얹으면
그들의 병이 나았고 악한 영들도 떠났다.

어떤 사람들이 바울의 기적들을 따라하려고 했다.

제사장 스게와의 일곱 아들도 이 일을 하고 있었다.

그들은 악한 영을 쫓아내려 했다.

내가 바울이 전파하는 예수의 이름으로 명하노니 나가라!

내가 예수도 알고 바울도 아는데, 너희는 누구냐?

아아악!

우리는 배를 타고 가이사랴에 가서 예루살렘으로 걸어갔다.

제!

방인들 가운데
이 역사하신다는
을 들으니 너무나
기쁩니다.

이제 여기 계시는 동안은
소동에 휘말리지 말고 편히
지내세요.

그러나 바울은 소동을 피하는 재주가 없었다.

전 서약을 지키기
기 머리를 밀었으나,
으로도 인기를
얻지 못했다.

그가
그리스 사람들을
성전에 데리고
들어갔어!

제발 사람들과
이야기를 하게
해주십시오.

사람들은 듣기보다
당신을 죽이려 할 것이오.
사람들을 즐겁게
해주어야 하오.

사도행전 23:13,15,17

나중에 벨릭스는 유대인 아내 드루실라와 함께 돌아왔다.

하나님의 독생자 안에 있는 영생의 복음을 전해드리겠습니다.

우리의 죄를 인정하는 것은 어렵지 않습니다. 그리고 우리는 스스로 절제해야 합니다.

장차 우리의 행위에 대한 심판이 있을 것입니다. 그러나 메시아 예수님을 통한 죄사함이 있습니다!

일단 가시오.

벨릭스는 2년 동안 바울을 가이사랴에 가두어 두었다.

그는 바울을 풀어주는 대가로 뇌물을 받기를 기대했다.

바울은 자기가 처한 상황을 활용하여 예수님에 대해 듣고자 하는 모든 사람에게 말씀을 전했다.

마침내 베스도가 벨릭스의 후임이 되었다.

종교적 지도자들은 그에게 바울을 예루살렘으로 보내라고 했다…

…바울을 죽일 또 다른 계획을 세울 것이다.

그는 우리의 율법을 거스르는 말을 합니다.

성전에 대해서도 반대합니다.

그는 황제의 적입니다.

그들은 자기들이 고소하는 내용을 하나도 증명할 수 없었다.

우리는 배를 타고 수라구사로, 그다음에 레기온으로, 그리고 보디올로 갔다. 그런 다음 걸어서 로마로 갔다.

우리가 그 성에 가까이 갔을 때 예수님을 따르는 자들이 우리를 환영해주었다.

로마는 어딜 가나 사람들이 많은 큰 도시였다.

가택 연금 상태였던 바울은 개인 숙소에서 지내도 된다는 허락을 받았다…

…비록 쇠사슬에 매여 그를 지키는 병사와 함께였지만

누가는 근처에 머물면서 그에게 음식과 책, 필기구들을 갖다주었다.

바울은 그 지역의 유대인 지도자들을 불러 모았다.

형제님들, 저는 우리 민족이나 풍습을 거스르는 일을 한 적이 없습니다.

로마인들은 저를 풀어주기 원했지만, 유대인 지도자들이 반대했습니다.

우리는 당신이 무얼 믿는지 들어보고 싶소. 우리가 이 운동에 대해 아는 것이라고는 어디서나 그것이 비난을 받고 있다는 것뿐이오.

많은 사람들이 바울의 속소로 왔다.

그는 하나님나라에 대해 설명하고 증언했으며, 성경을 근거로 예수님에 관하여 그들을 설득하려 했다.

성령이 이사야 선지자를 통해 하신 말씀은 옳았습니다. "이 백성에게 가서 말하여라…

어떤 이들은 설득이 되었으나, 어떤 이들은 믿지 않았다.

…너희가 내 말을 들어도 깨닫지 못할 것이다. 내가 하는 일을 보아도 이해하지 못할 것이다.

이 백성의 마음이 무디어졌기 때문이다. 그들은 내게로 와서 고침을 받을 수 없다."

그러므로 여러분은 하나님으로부터 오는 이 구원이 또한 이방인들에게도 주어졌음을 알아야 합니다. 그들은 그것을 받아들일 것입니다.

바울은 자기가 얻은 셋집에서 2년 동안 살았다. 그를 찾아오는 모든 사람을 환영해주었고, 하나님나라를 담대히 선포하며 주 예수 그리스도에 대해 가르쳤다.

아무도 그를 막으려 하지 않았다.

사도행전 28:17-31

로마는 로마제국의 수도이자 가장 중요한 도시였다.

오순절에 회심한 사람들 중 일부가 로마에 교회를 세웠을 것이다.

바울은 로마 교회를 방문한 적이 없었고, 스페인으로 가는 길에 로마에 가려고 계획했다.

그는 로마 교회 교인들에게 편지를 썼다. 잘못된 신학을 바로잡기 위해서가 아니었다. 그 교회는 성경적으로 건전했기 때문이다. 다만 모든 교회들이 그렇듯이, 교회는 올바른 교리 교육이 필요했다.

바울의 의도는 사도의 가르침을 받은 적이 없는 로마 교회의 신자들에게 은혜의 복음을 가르치려는 것이었다.

이 편지에서 그는 이 땅에서 보낸 그리스도의 생애가 유대 역사 속에서 하나님이 하신 일과 어떻게 연관되며, 그것이 인류의 미래와 어떤 관련이 있는지 설명한다.

더디오라는 서기관이 받아 쓴 로마서는 바울의 가장 긴 편지로서 약 7,000자나 된다.

하나님의 복음

먼저 예수 그리스도로 말미암아 여러분 모두에 대하여 하나님께 감사드립니다. 여러분의 믿음이 온 세상에 전파되고 있습니다. 저는 여러분을 보러 갈 기회를 얻기 위해 늘 기도하고 있습니다.

저는 여러분의 믿음을 격려하기 원하지만, 또한 여러분의 믿음으로 제가 격려를 받기 원합니다.

저는 그리스도에 관한 이 복음을 부끄러워하지 않기 때문입니다. 그것은 먼저 유대인에게, 또한 이방인에게 구원을 주시는 하나님의 능력입니다. 이 복음은 하나님이 우리를 어떻게 그분 보시기에 의롭게 만들어주시는지를 말해줍니다.

죄에 대한 하나님의 분노

그러나 하나님은 진리를 막는 악한 사람들에 대해 하늘로부터 진노를 나타내십니다.

그들은 보이지 않는 하나님의 속성들, 즉 그분의 영원한 능력과 신성을 분명히 볼 수 있습니다. 따라서 그들이 하나님을 모르는 것에 대해 핑계댈 수 없습니다.

그들은 완전히 어리석은 자들이 되었습니다.

영광스럽고 언제나 살아 계시는 하나님을 경배하는 대신, 사람들과 비슷하게 만든 우상들을 숭배했습니다.

로마서 1:8-23

그들은 악하고 부끄러운 행동을 했습니다.

하나님에 관한 진리를 거짓으로 바꾸었습니다. 그래서 하나님이 창조하신 것들을 숭배하고 섬겼습니다.

그래서 하나님은 그들이 부끄러운 욕망에 빠지도록 내버려두셨습니다. 여자들도 자연의 섭리를 거슬렀습니다.

남자들은 다른 남자들과 부끄러운 짓을 하였고, 그 대가를 스스로 받았습니다.

그들이 하나님을 인정하는 것을 어리석게 여겼으므로 하나님은 그들이 어리석은 생각에 빠져서 해서는 안 될 일들을 하도록 내버려 두셨습니다.

그들의 삶은 온갖 불의와 죄와 탐욕과 미움, 시기, 살인, 다툼, 사기, 악의적인 행동, 험담으로 가득하게 되었습니다.

그들은 중상 모략가요, 하나님을 미워하는 자들이며, 무례하고, 교만하고, 자랑하기 좋아하는 자들입니다. 그들은 죄를 짓는 새로운 방법들을 생각해내며, 부모를 거역합니다.

그들은 하나님의 정의에 의하면 이런 일들을 행하는 자들은 마땅히 죽어야 한다는 것을 압니다.

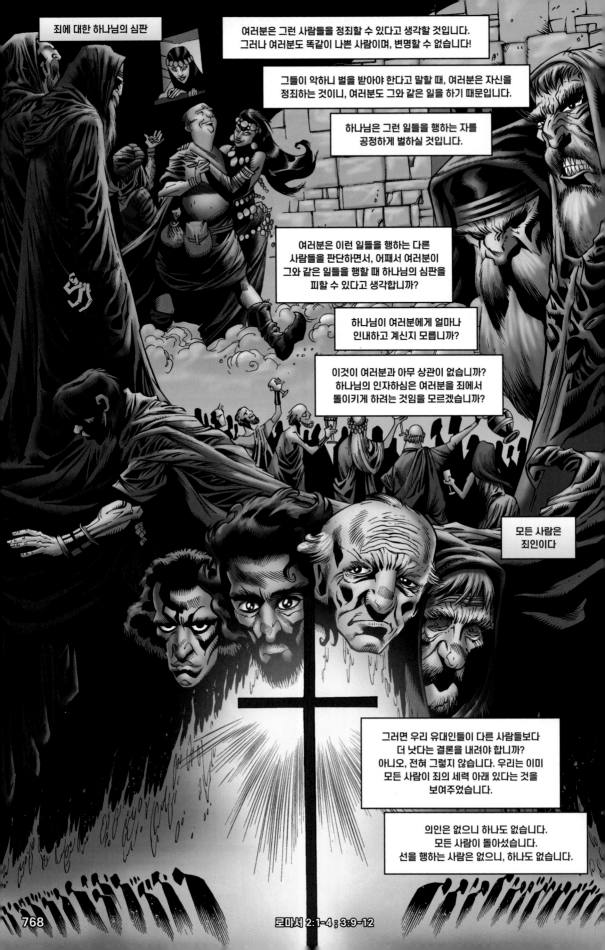

그리스도가
우리의 벌을 받으셨다

그러나 모세의 글에서 약속된 바와 같이, 하나님은 율법의 요구를 만족시키지 않고도 우리가 하나님께 의로워질 수 있는 길을 보여주셨습니다.

우리는 예수 그리스도를 믿음으로 하나님께 의롭게 됩니다.

모든 사람은 죄를 범하였으므로 우리는 모두 하나님의 영광스러운 기준에 미치지 못합니다. 그러나 하나님께서 그의 은혜로 우리를 하나님 보시기에 의롭게 만들어주십니다. 하나님은 예수 그리스도를 통해 이 일을 하셨습니다. 우리를 죄의 형벌로부터 자유롭게 해주신 것입니다.

믿음은 기쁨을 가져온다

그러므로 우리가 믿음으로 하나님 보시기에 의롭게 되었으니, 우리 주 예수 그리스도가 우리를 위해 하신 일로 말미암아 하나님과 화평을 누립시다.

우리가 아직 연약할 때 기약대로 그리스도가 오셔서 죄인인 우리를 위해 죽으셨습니다.

따라서 이제 우리는 하나님과의 새로운 관계 속에서 기뻐할 수 있습니다. 우리 주 예수 그리스도가 우리를 하나님의 친구로 만들어주셨기 때문입니다.

아담과 그리스도의
다른 점

아담이 죄를 범했을 때 죄가 세상에 들어왔습니다.

아담의 죄는 죽음을 가져왔고, 따라서 모든 사람이 죄를
지었으니 죽음이 모든 사람에게 이르렀습니다.

아담은 장차 오실 그리스도를
나타내는 상징입니다.

그리스도의 한 의로운 행위는 모든 사람에게 하나님과의
올바른 관계와 새 생명을 가져다줍니다.

죄의 힘이 꺾였다

하나님이 우리에게 더 많은 은혜를 나타내실 수
있도록 우리가 계속 죄를 지어야 하는 걸까요?

당연히 아닙니다! 우리는 죄에 대해 죽었는데,
어떻게 계속 그 안에서 살 수 있습니까?

우리는 세례를 통해 그리스도와 함께
죽어 장사되었습니다. 또 그리스도가
아버지의 영광스러운 능력으로 죽음에서
살아나신 것처럼,
이제 우리도 새 삶을 살 것입니다.

우리는 더 이상 죄의 노예들이 아닙니다. 우리가 그리스도와
함께 죽었을 때 죄의 힘에서 자유로워졌기 때문입니다.

죄의 삯은 죽음이지만, 하나님의 선물은
우리 주 예수 그리스도를 통한 영원한
생명이기 때문입니다.

로마서 5:12-18 · 6:1-23

율법은 사람이 살아 있는 동안에만 적용된다는 것을 모르십니까?

여자가 결혼을 하면 그 남편이 살아 있는 동안 법으로 남편에게 매여 있습니다. 그러나 남편이 죽으면 결혼에 대한 법이 더 이상 그녀에게 적용되지 않습니다.

이제 우리는 율법에서 벗어났습니다. 우리가 율법에 대해 죽었기 때문입니다. 이제 우리는 성령 안에서 새로운 삶의 방식으로 하나님을 섬길 수 있습니다.

내가 지금 하나님의 법이 죄라고 말하는 걸까요? 그렇지 않습니다!

문제는 율법에 있는 것이 아닙니다. 그것은 영적이고 선한 것이기 때문입니다. 문제는 나에게 있으니, 내가 죄의 종이기 때문입니다.

나는 나 자신이 참으로 이해가 되지 않습니다. 옳은 일을 하기 원하나 하지 않기 때문입니다. 대신 내가 싫어하는 일을 합니다.

나는 정말로 하나님의 법에 순종하기 원하나, 나의 악한 본성 때문에 죄에게 종노릇합니다.

나는 아무것도 우리를 하나님의 사랑에서 떼어놓을 수 없다고 확신합니다.

죽음도, 생명도, 천사들이나 마귀들도, 우리의 두려움과 염려들도, 지옥의 권세들도 우리를 하나님의 사랑에서 끊을 수 없습니다.

이제 예수 그리스도께 속한 자들은 정죄를 받지 않습니다.

로마서 7:1-7, 14-25 ; 8:1,38

771

이스라엘에 대한 하나님의 선택

내 마음은 내 백성들로 인한 큰 근심과 그치지 않는 슬픔으로 가득합니다.

그들을 구원할 수 있다면 내가 영원히 저주를 받아도 괜찮습니다.

그들은 하나님의 양자로 택함을 받은 이스라엘 백성입니다.

하나님은 그들에게 자신의 영광을 나타내셨습니다. 그들과 언약을 맺으시고 그들에게 그의 율법을 주셨습니다.

하나님을 예배하고 그분의 놀라운 약속들을 받는 특권을 그들에게 주셨습니다. 또한 육신으로는 그리스도 자신도 이스라엘 사람이었습니다.

이스라엘을 위한 하나님의 계획

이사야 선지자가 외쳤습니다.

이스라엘 백성들이 바다의 모래처럼 많을지라도 오직 남은 자만 구원을 받을 것이다.

이방인들은 하나님의 기준들을 따르려고 애쓰지 않았으나 하나님께 의로운 자들이 되었습니다.

이스라엘 백성들은 율법을 지킴으로써 하나님께 의를 얻으려고 했기 때문에 성공하지 못했습니다.

하나님은 처음부터 택하신 그의 백성들을 버리지 않으셨습니다.

하나님은 이방인들이 구원을 받을 수 있게 하셨습니다. 그러나 하나님은 그의 백성들이 시샘하고 자신들의 구원을 요구하기 원하셨습니다.

772 　　　　　　　　　　로마서 9:1-5,27,30-31 ; 11:2,11

하나님께 드리는 산 제물

하나님이 여러분을 위해 하신 모든 일들로 인해
여러분의 몸을 하나님께 드리기를 권합니다.
그 몸이 거룩한 산 제물이 되게 하십시오.

여러분이 실제 자신보다 더 나은 사람이라고 생각하지
마십시오. 자신을 정직하게 평가하십시오.

우리 몸에 여러 부분들이 있고 각 부분이 특별한 기능을 하는 것처럼,
그리스도의 몸도 그렇습니다. 우리는 한 몸의 여러 지체들입니다.

하나님이 여러분에게 예언하는
능력을 주셨다면 하나님이 주신
믿음의 분량만큼 말하십시오.

가르치는 사람이라면
잘 가르치십시오.

만일 여러분의 은사가
섬기는 일이면 잘
섬기십시오.

여러분의 은사가 다른 사람들을
권면하는 것이면 권면하십시오.

은사가 나눔이면
아낌없이 나누십시오.

하나님이 여러분에게 지도자의
능력을 주셨다면 그 책임을 진지하게
받아들이십시오.

자선을 베푸는 것이 은사라면
기쁘게 베푸십시오.

통치하는 권세자들에게 복종하십시오.
모든 권세는 하나님으로부터 오기 때문입니다.

세금을 내는 것도 같은 이유입니다.
정부에서 일하는 사람들에게 돈을 지급해야 합니다.

권세를 거스르는 사람은 하나님이
세우신 것을 거역하는 것이니,
그들은 벌을 받을 것입니다.

모든 사람에게 줄 것을
주십시오. 권세자들을
존중하고 공경하십시오.

서로 사랑할 의무 외에는,
아무에게도 빚을 지지 마십시오.

이런 것들은 한 가지 계명으로 요약됩니다.
"네 이웃을 네 자신과 같이 사랑하라."

이것이 더욱 시급하니,
얼마나 늦었는지 여러분도 알기 때문입니다.
우리가 처음 믿었을 때보다
지금 우리의 구원이 더 가까이 왔습니다.

방탕함과 술 취함, 또는 성적인 음란함과 부도덕한 삶,
다툼과 시기의 어두움에 동참하지 마십시오.

대신 주 예수 그리스도의 임재로 옷을 입으십시오.

히브리서 저자는 누구인지 알려지지 않았으나, 우리는 그 편지가 구약성경을 잘 아는 누군가에 의해 쓰여졌다는 것을 안다.

그 편지는 아마도 이웃들에게 박해를 당하는 유대인과 이방인 그리스도인들이 받았을 것이다.

편지는 예수님과 천사들, 모세, 그리고 유대인의 제사 제도의 관계를 살펴본다. 히브리서는 예수님이 얼마나 우리의 예배와 믿음의 헌신을 받기에 합당한 분이신지를 설명한다.

오래 전에 하나님은 선지자들을 통해 우리 조상들에게 여러 번, 여러 가지 방법으로 말씀하셨습니다. 그리고 이 마지막 날에는 그의 아들을 통해 우리에게 말씀하셨습니다.

하나님이 그 아들에게 주신 이름이 천사들의 이름보다 뛰어남같이, 그 아들은 천사들보다 훨씬 뛰어납니다.

천사들은 종들에 불과하니, 즉 구원을 상속받을 사람들을 보살피기 위해 보냄받은 영들입니다.

하나님이 천사들을 통해 전하신 메시지는 항상 견고했습니다. 그러나 제일 먼저 예수님이 선언하신 이 큰 구원을 우리가 무시한다면, 어떻게 그 보응을 피하겠습니까?

하나님의 은혜로, 예수님은 모든 사람을 위해 죽음을 맛보셨습니다. 만물이 하나님을 위해, 또 하나님을 통해 만들어졌는데, 그 하나님께서 많은 자녀들을 영광에 들어가게 하기로 결정하셨습니다.

예수님은 고난을 통해 완전한 지도자가 되셨습니다.

하나님의 자녀들이 인간들이기 때문에 그 아들도 육신이 되셨습니다. 그는 오직 죽음으로 마귀의 세력을 멸하셨습니다.

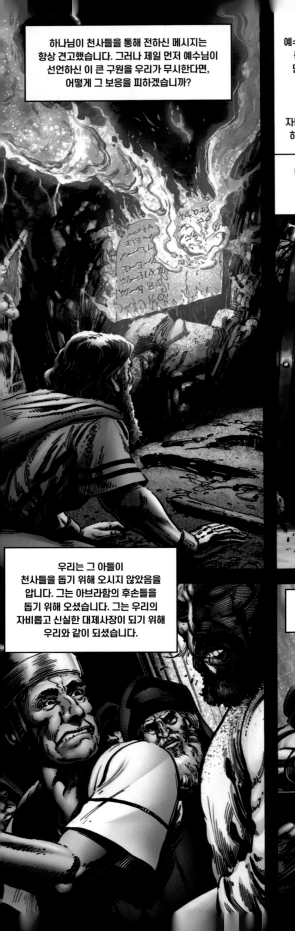

우리는 그 아들이 천사들을 돕기 위해 오시지 않았음을 압니다. 그는 아브라함의 후손들을 돕기 위해 오셨습니다. 그는 우리의 자비롭고 신실한 대제사장이 되기 위해 우리와 같이 되셨습니다.

그리고 그는 백성들의 죄를 속량하는 제물을 바치실 수 있었습니다. 그 자신이 고난과 시험을 당하셨기 때문에 우리를 도우실 수 있는 것입니다.

모세가 하나님의 온 집을 맡았을 때 신실하게 섬겼던 것처럼 예수님은 하나님께 충실하셨습니다.

그러므로 친애하는 형제 자매님들은 주의하십시오. 여러분의 마음이 악함과 불신에 빠져 살아 계신 하나님으로부터 멀어지지 않게 하십시오. 우리가 믿음을 지키면 그리스도께 속한 모든 것들을 함께 나눌 것입니다.

이 복음은 이스라엘에게 전해졌던 것처럼 우리에게도 전해졌습니다.

그러나 그들은 하나님의 말씀을 들은 자들의 믿음을 함께 나누지 못했기 때문에 그것이 그들에게 아무 유익이 되지 못했습니다.

예수님은 모세보다 훨씬 더 큰 영광을 받으실 만했으니, 마치 집을 짓는 사람이 그 집보다 더 칭찬받을 만한 것과 같습니다.

하나님은 다윗을 통해 이렇게 선언하셨습니다. "오늘 너희가 그의 음성을 듣거든 너희 마음을 완고하게 하지 말라."

하나님의 말씀은 살아 있고 힘이 있기 때문입니다. 그것은 가장 예리한 양날의 검보다 더 예리하여, 혼과 영을, 관절과 골수를 쪼갭니다.

우리에게는 위대한 대제사장, 예수님이 계시니 우리 은혜로운 하나님의 보좌로 담대히 나아갑시다. 거기서 우리는 그의 자비를 얻고 은혜를 발견할 것입니다.

모든 대제사장은 하나님 앞에서 다른 사람들을 대표하도록 선택된 사람입니다. 그는 사람들의 예물을 하나님께 드리고 또 그들의 죄를 위해 제물을 드립니다.

그리스도가 스스로 대제사장이 될 수 있다고 여김으로 자신을 높이지 않으신 이유가 그것입니다. 아니, 그는 하나님께 택함을 받은 것입니다.

그리스도에 대한 기본적인 교훈들을 반복하는 것을 그만둡시다.

대신 더 깊은 교훈으로 나아가 생각이 성숙한 사람이 됩시다.

아무도 단지 그런 영광을 얻고 싶다고 해서 대제사장이 될 수는 없습니다. 반드시 하나님께 부르심을 받아야 합니다.

하나님은 예수님께 "네가 영원히 멜기세덱의 반차를 따르는 제사장이라"고 말씀하셨습니다.

하나님은 약속과 맹세를 하셨습니다. 하나님은 거짓말을 하실 수 없습니다.

이 소망은 우리의 영혼을 위한 튼튼하고 견고한 닻입니다. 그것은 휘장을 지나 하나님의 성소 안으로 우리를 인도합니다. 예수님은 우리의 영원한 대제사장이 되셨습니다.

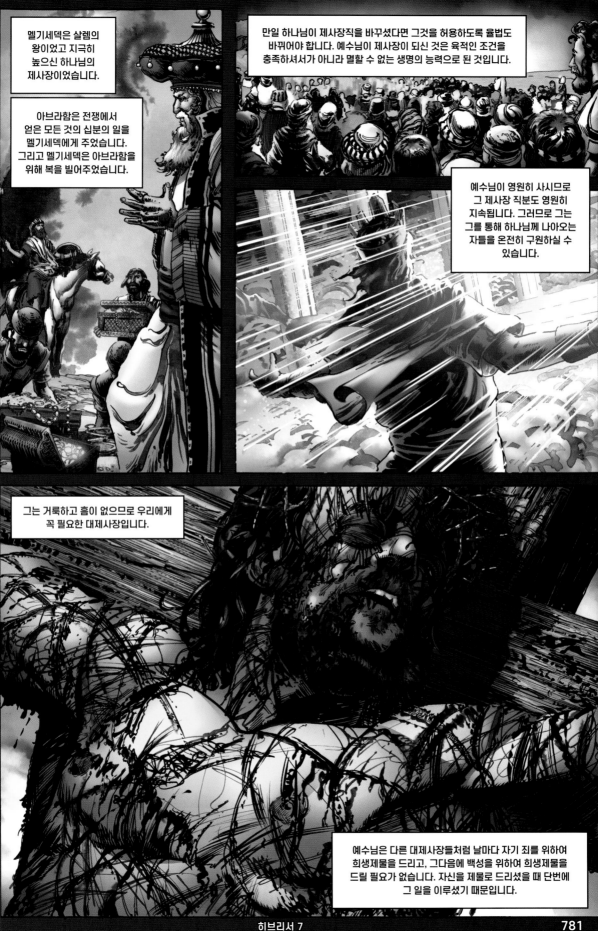

멜기세덱은 살렘의 왕이었고 지극히 높으신 하나님의 제사장이었습니다.

아브라함은 전쟁에서 얻은 모든 것의 십분의 일을 멜기세덱에게 주었습니다. 그리고 멜기세덱은 아브라함을 위해 복을 빌어주었습니다.

만일 하나님이 제사장직을 바꾸셨다면 그것을 허용하도록 율법도 바뀌어야 합니다. 예수님이 제사장이 되신 것은 육적인 조건을 충족하셔서가 아니라 멸할 수 없는 생명의 능력으로 된 것입니다.

예수님이 영원히 사시므로 그 제사장 직분도 영원히 지속됩니다. 그러므로 그는 그를 통해 하나님께 나아오는 자들을 온전히 구원하실 수 있습니다.

그는 거룩하고 흠이 없으므로 우리에게 꼭 필요한 대제사장입니다.

예수님은 다른 대제사장들처럼 날마다 자기 죄를 위하여 희생제물을 드리고, 그다음에 백성을 위하여 희생제물을 드릴 필요가 없습니다. 자신을 제물로 드리셨을 때 단번에 그 일을 이루셨기 때문입니다.

우리에게 대제사장이 있으니, 그는 주께서 지으신 참된 예배 처소인 하늘의 장막에서 섬기는 분이십니다.

제사장들이 바치는 예물과 제사는 그것을 가져온 사람들의 양심을 깨끗하게 해주지 못합니다.

예수님은 우리를 위해 중재하여 하나님과 더 좋은 언약을 맺게 해주시는 분입니다. 만일 첫 언약이 완전했다면 그것을 대신할 두 번째 언약은 필요치 않았을 것입니다.

육적인 규범들은 더 좋은 제도가 세워질 때까지만 효력이 있었습니다.

그리스도는 이미 일어난 좋은 일들을 주관하시는 대제사장이 되셨습니다.

각 사람은 한 번 죽게 되어 있고 그 뒤에 심판이 있듯이…

그의 피로, 단번에 지성소에 들어가 우리의 영원한 구원을 이루어주셨습니다.

…그리스도께서는 우리의 죄를 처리하기 위해서가 아니라 그를 간절히 기다리는 모든 사람에게 구원을 가져다주기 위해 다시 오실 것입니다.

모세의 율법 하에 있는 옛 제도는 그 자체로 좋은 것들이 아니라 그림자에 불과했습니다.

제사는 실제로 사람들에게 해마다 그들의 죄를 상기시켜 주었습니다. 황소와 염소의 피는 죄를 없애줄 수 없기 때문입니다.

그것이 그리스도께서 이렇게 말씀하신 이유입니다. "하나님은 짐승의 제사나 속죄 제물을 원하지 않으셨습니다. 다만 주께 드릴 한 몸을 제게 주셨습니다. 하나님은 번제나 다른 속죄 제물을 기뻐하지 않으셨습니다. 보소서, 저에 대해 성경에 쓰여 있는 바와 같이, 제가 주의 뜻을 행하러 왔나이다."

약속하신 하나님은 믿을 수 있는 분이시니, 우리가 단언하는 소망을 굳게 붙잡고 흔들리지 맙시다.

또한 함께 모이는 것을 소홀히 하지 말고 서로 격려합시다.

만일 우리가 진리를 아는 지식을 받고도 고의로 계속 죄를 범한다면 더 이상 이 죄들을 덮어줄 제사는 없습니다.

오직 두려운 마음으로 하나님의 심판을 기다리는 것과 하나님의 원수들을 태울 맹렬한 불만 있을 것입니다.

믿음의 삶을 증거하는 수많은 무리가 우리를 둘러싸고 있으니, 우리의 걸음을 늦추는 무거운 것들과 특히 쉽게 우리를 넘어지게 하는 죄를 벗어버립시다.

우리는 예수를 바라봄으로써 이렇게 합니다.

그는 자신을 기다리고 있는 기쁨을 위해 십자가를 참으셨고 부끄러움을 무시하셨습니다. 지금 그는 하나님의 보좌 옆 영광스러운 자리에 앉아 계십니다. 그가 참고 견디신 죄인들의 반감을 생각해보십시오.

여러분이 이 거룩한 징계를 받을 때 하나님이 여러분을 자기 자녀들처럼 대하고 계신다는 것을 기억하십시오. 아버지가 징계하지 않는 자녀에 대해 들어봤습니까?

하나님의 징계는 언제나 우리에게 유익하니, 우리가 그의 거룩하심에 참여하게 하시려는 것입니다.

서로 돌아보아, 아무도 하나님의 은혜를 받지 못하는 이가 없게 하십시오. 쓴 뿌리가 자라 여러분을 괴롭히지 않도록 조심하십시오.

한 그릇의 음식을 위해 장자의 명분을 판 에서와 같은 이가 없게 하십시오.

이제 우리 주 예수님을 죽음에서 살리신 평강의 하나님이 그의 뜻을 행하기 위해 필요한 모든 것을 여러분께 주시기를 바랍니다.

영원히 모든 영광을 그에게 돌릴지어다!

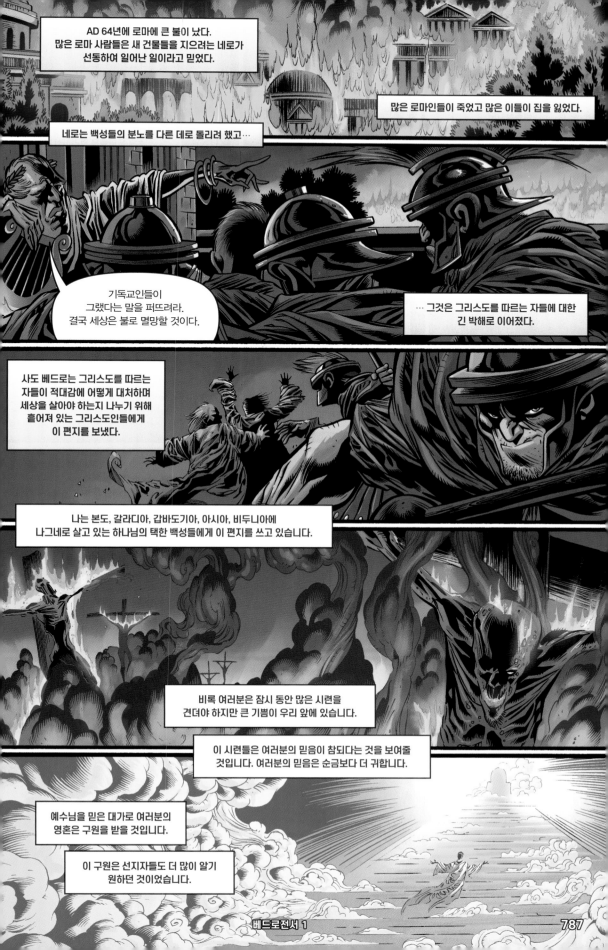

AD 64년에 로마에 큰 불이 났다. 많은 로마 사람들은 새 건물들을 지으려는 네로가 선동하여 일어난 일이라고 믿었다.

많은 로마인들이 죽었고 많은 이들이 집을 잃었다.

네로는 백성들의 분노를 다른 데로 돌리려 했고…

기독교인들이 그랬다는 말을 퍼뜨려라. 결국 세상은 불로 멸망할 것이다.

… 그것은 그리스도를 따르는 자들에 대한 긴 박해로 이어졌다.

사도 베드로는 그리스도를 따르는 자들이 적대감에 어떻게 대처하며 세상을 살아야 하는지 나누기 위해 흩어져 있는 그리스도인들에게 이 편지를 보냈다.

나는 본도, 갈라디아, 갑바도기아, 아시아, 비두니아에 나그네로 살고 있는 하나님의 택한 백성들에게 이 편지를 쓰고 있습니다.

비록 여러분은 잠시 동안 많은 시련을 견뎌야 하지만 큰 기쁨이 우리 앞에 있습니다.

이 시련들은 여러분의 믿음이 참되다는 것을 보여줄 것입니다. 여러분의 믿음은 순금보다 더 귀합니다.

예수님을 믿은 대가로 여러분의 영혼은 구원을 받을 것입니다.

이 구원은 선지자들도 더 많이 알기 원하던 것이었습니다.

모든 악한 행위를 버리십시오.

모든 기만과 외식과 시기와 비방하는 말을 멈추십시오.

더욱이 여러분은 그의 거룩한 제사장들입니다. 여러분은 하나님이 기뻐하시는 영적 제사를 드립니다.

친애하는 여러분, 저는 "거류민과 나그네"같이 여러분께 권합니다. 여러분의 영혼과 싸우는 속된 욕망들을 멀리하십시오.

여러분은 하나님의 성전의 산 모퉁잇돌이신 그리스도께 나아가고 있습니다.

여러분은 하나님이 그의 신령한 성전을 짓는 데 사용하시는 산 돌들입니다.

사람들이 여러분을 보고 나쁜 짓을 한다고 비방하더라도, 그들은 여러분의 고결한 행위를 보게 될 것입니다.

모든 사람을 공경하고, 믿는 자들의 가족을 사랑하십시오. 하나님을 두려워하고 왕을 존대하십시오.

그리스도가 여러분을 위해 고난을 받으셨듯이, 하나님은 여러분에게 고난을 받더라도 선을 행하라고 하셨기 때문입니다. 그리스도는 여러분의 모범입니다.

그는 십자가 위에서 친히 우리의 죄를 짊어지셔서 우리가 죄에 대해 죽을 수 있게 하셨습니다. 그의 상처로 여러분은 치유를 받았습니다.

하나님이 여러분에게 맡기신 양떼를 보살피십시오. 억지로 하지 말고 기꺼이 하십시오. 그로부터 무엇을 얻기 위해서가 아니라, 하나님을 섬기려는 간절한 마음으로 해야 합니다.

장로들에게 말씀드립니다. 저도 장로이며 그리스도의 고난의 증인입니다.

마찬가지로, 젊은이들은 장로들의 권위를 받아들여야 합니다.

그러므로 하나님의 강한 능력 아래서 겸손하십시오. 때가 되면 하나님이 여러분을 높여주실 것입니다.

깨어 있어야 합니다! 여러분의 대적 마귀를 조심하십시오. 그가 우는 사자같이 두루 다니며 삼킬 자를 찾고 있습니다.

은혜의 하나님이 그리스도 예수 안에서 여러분을 부르셔서 그의 영원한 영광에 들어가게 하셨습니다.

그러므로 여러분이 잠깐 고난을 당한 후에 하나님이 여러분을 견고한 터 위에 두실 것입니다.

그리스도 안에 있는 여러분 모두에게 평강이 있기를 원합니다.

요한은 마지막 남은 예수 그리스도의 사도였고, 로마 황제 도미티아누스 아래서 박해를 당하기 직전인 AD 90년에서 95년 사이에 이 편지를 썼다.

사도는 소아시아 교회들에게 편지를 썼고 영지주의의 초기 단계들을 다루었다.*

* 영지주의는 몸은 악하나 영은 선하며, 구원을 받으려면 특별한 지식이 더 필요하다는 잘못된 믿음이다. 영지주의자의 믿음은 예수님이 육신을 갖고 계셨다는 사실을 부인하도록 이끌었다.

우리가 예수님으로부터 듣고 이제 여러분에게 전하는 메시지는 이것입니다. 하나님은 빛이시며, 그분 안에는 어두움이 전혀 없습니다.

우리는 태초부터 존재하셨던 분을 여러분께 전하려 합니다. 우리는 그를 보았고 그의 말씀을 들었습니다. 우리 손으로 그를 만져보았습니다. 그는 생명의 말씀입니다.

우리가 하나님과 교제한다고 말하면서 계속 영적 어둠 속에서 살아간다면 거짓말을 하는 것입니다.

내가 여러분께 이 글을 쓰는 것은
여러분이 죄를 짓지 않게 하려는 것입니다.

만일 어떤 사람이 "나는 하나님을 안다"고 주장하나
하나님의 계명을 지키지 않는다면 그 사람은
거짓말쟁이이며 진리 가운데 살고 있지 않은 것입니다.

그러나 누가 죄를 짓더라도, 아버지 앞에서 우리를
변호해주시는 분이 계십니다. 바로 예수 그리스도입니다.

하나님 안에서 산다고
말하는 사람들은
예수님처럼 살아야
합니다.

내가 하나님의 자녀들인 여러분에게 이 글을 쓰는 이유는
예수님을 통해 여러분의 죄가 사함받았기 때문입니다.

내가 청년들에게 이 글을 쓰는 이유는
여러분이 악한 자와의 싸움에서
이겼기 때문입니다.

여러분은 적그리스도가 오고 있다고
들었습니다. 이로써 우리는
마지막 때가 왔다는 것을 압니다.

내가 여러분에게 이 글을 쓰는
것은 여러분이 진리와 거짓의
차이를 알기 때문입니다.

우리 아버지께서 우리를 얼마나 많이 사랑하시는지 보십시오.
그는 우리를 그의 자녀라 부르십니다.

그는 우리가 장차 어떻게 될지 아직 보여주지 않으셨으나,
우리는 그와 같이 될 것입니다.

사람들이 옳은 일을 행할 때 그것은 그리스도가 의로우신 것처럼 그들이 의로운 자들임을 나타냅니다.

그러나 사람들이 계속 죄를 지으면, 그것은 그들이 처음부터 죄를 범해 온 마귀에게 속하였음을 나타냅니다.

우리가 믿는 자들인 형제와 자매들을 사랑한다면, 그것은 우리가 사망에서 생명으로 옮겨졌음을 증명합니다.

다른 형제나 자매를 미워하는 사람은 마음속으로 살인하는 사람입니다.

사랑하는 친구들이여, 우리가 죄책감을 느끼지 않는다면 담대한 확신을 가지고 하나님께 나아갈 수 있습니다. 또 우리는 그로부터 무엇이든 구하는 것을 받을 것입니다. 이는 우리가 그에게 순종하고 그를 기쁘시게 하는 일들을 행하기 때문입니다.

영으로 말한다고 주장하는 사람들을 다 믿지 마십시오. 그들이 가진 영이 하나님으로부터 온 것인지 알아보아야 합니다.

만일 선지자라고 주장하는 사람이 예수 그리스도가 육신으로 오신 것을 인정한다면 그 사람은 하나님의 영을 가진 사람입니다.

그러한 사랑에는 두려움이 없으니, 온전한 사랑은 모든 두려움을 내쫓기 때문입니다. 우리가 두려워한다면, 이는 우리가 하나님의 온전한 사랑을 완전히 경험하지 못했음을 보여주는 것입니다.

어떤 사람이 "나는 하나님을 사랑합니다"라고 말하나 동료 신자를 미워한다면 그는 거짓말쟁이입니다.

우리가 볼 수 있는 사람들을 사랑하지 않는다면 볼 수 없는 하나님을 어떻게 사랑할 수 있겠습니까?

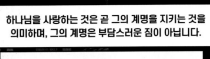

하나님을 사랑하는 것은 곧 그의 계명을 지키는 것을
의미하며, 그의 계명은 부담스러운 짐이 아닙니다.

하나님의 자녀들은 모두 이 악한 세상을 이기며,
우리는 믿음을 통해
승리에 도달하기 때문입니다.

누가 이 세상과의 싸움에서 이길 수 있습니까?
예수님이 하나님의 아들이라고 믿는 자들만 이길 수 있습니다.

예수 그리스도는
물로 세례를 받으시고
십자가 위에서 피를 흘리심으로
하나님의 아들로 드러났습니다.

우리는 사람의 증언을 믿으므로
하나님으로부터 오는 더 큰 증거를
확실히 믿을 수 있습니다.

그리고 하나님은 그의 아들에 대해
증언하셨습니다.

우리는 하나님의 자녀들이 습관적으로 죄를 짓지 않는다는 것을 압니다. 하나님의 아들이
그들을 단단히 붙잡고 계시며, 악한 자가 그들을 건드릴 수 없기 때문입니다.

사랑하는 자녀들이여,
여러분의 마음속에서 하나님의
자리를 차지하려 하는 것들을
멀리하십시오.

사도 바울은 네로의 박해 아래서
참수를 당했다.

사도 요한은 펄펄 끓는 기름통에 던져졌으나…

…기적적으로 살아남았다.

새 황제가 세워졌다.

그의 이름은 도미티아누스.
그 전의 여러 황제들과 마찬가지로 그는 무자비했다.

그는 곧 자신에게 "주 하나님"이라는
칭호를 부여했고, 예배와 제사를 명령했다.

모든 백성들이 분향하고 황제가 하나님임을 공적으로 고백해야만 했다…

…그러나 확고하게 이것을 거부하는 한 무리가 있었다.

분향을 하시오,
당장!

오직 예수 그리스도만
하나님입니다.

그를 원형 경기장으로
끌고 가시오. 거기서 사자들에게
고백할 수 있게.

그는
이 반역 행위로
죽고 말 거야.

이 움직임을 멈추기 위해,
도미티아누스 황제는 그들의 지도자
요한을 제거하기로 결정했다.
그는 마지막 남은 그리스도의 제자였다.

그리스도를 따르는 수많은 사람들이 악명 높은
원형경기장에서 오락거리를 위해 죽임을 당했다.

가뭄이든 전염병이든 지진이든,
뭔가 나쁜 일만 생기면 황제는
그리스도인들의 탓으로 돌렸다.

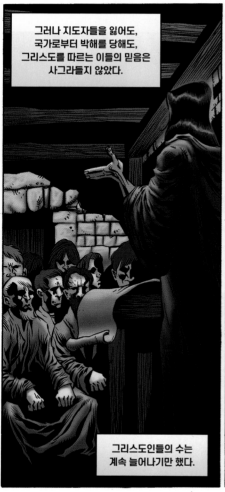

그러나 지도자들을 잃어도,
국가로부터 박해를 당해도,
그리스도를 따르는 이들의 믿음은
사그라들지 않았다.

그리스도인들의 수는
계속 늘어나기만 했다.

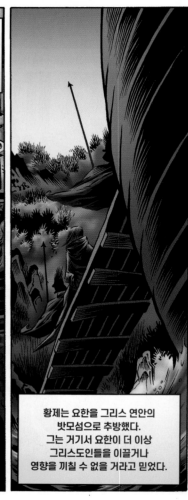

황제는 요한을 그리스 연안의
밧모섬으로 추방했다.
그는 거기서 요한이 더 이상
그리스도인들을 이끌거나
영향을 끼칠 수 없을 거라고 믿었다.

밧모섬으로 쫓겨난 요한은 동굴 속에서 살며
죽음 혹은 약속된 그리스도의 재림을 기다렸다.

그러나 강한 바람이 몰아치는
이 외딴 섬에서 그리스도께서 사도 요한에게
자신과 인류의 미래를 계시해주셨다.

거룩한 환상 속에서,
하나님은 미래의 커튼을 열고 성경 이야기의
대단원을 보여주셨으니…

…바로 성경의 마지막 책,
요한계시록이다.

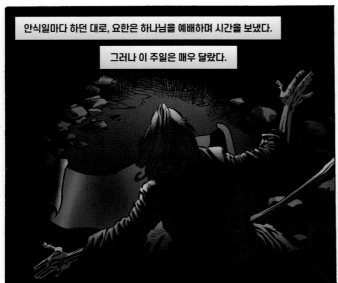

안식일마다 하던 대로, 요한은 하나님을 예배하며 시간을 보냈다.

그러나 이 주일은 매우 달랐다.

요한은 나팔소리 같은 큰 목소리를 들었다…

네가 보는 모든 것을 한 책에 기록하여, 그것을 에베소, 서머나, 버가모, 두아디라, 사데, 빌라델비아, 라오디게아에 있는 일곱 교회에 보내라.

요한이 돌아보니 일곱 개의 금촛대와 인자 같은 이가 있었다.

예수님이 사랑하신 제자 요한은 그리스도의 모습을 정확히 알고 있었다. 그래서 그 영광을 입은 몸의 빛나는 광채 속에서 부활하신 그리스도를 보았을 때 그는 두려웠다.

요한은 어찌할 바를 몰라 마치 죽은 것처럼 그 발 앞에 엎드렸다.

두려워하지 말아라!
나는 처음이요 마지막이다.
나는 살아 있는 자다.
전에 죽었지만, 보아라.

나는 영원히 살아 있다!
그리고 사망과 지옥의 열쇠를
가지고 있다.

네가 본 것을 기록하여라.
지금 일어나고 있는 일들과
앞으로 일어날 일들까지.

하나님은 그것을 읽는 자들에게 복을 주신다···

···교회를 향한 이 예언의 말씀을.
또한 때가 가까이 왔으니 그 메시지를 듣고
순종하는 모든 자들에게 복을 주신다.

그다음에 요한은 하늘나라와 이 세상의 마지막 날들에 관한 환상을 보았다.

그때 내가 보니, 하늘에 열린 문이 있었다.

전에 들었던 그 목소리가 마치 나팔소리처럼 내게 말했다.

이리로 올라오라. 그러면 이 후에 마땅히 일어날 일들을 네게 보여주겠다.

그 즉시 나는 성령에 사로잡혔고, 하늘의 보좌와 그 위에 앉으신 이를 보았다.

요한계시록 4:1-6

보좌에 앉으신 이는 벽옥과
홍보석처럼 눈부시게 빛났다.

녹보석의 빛이 무지개처럼
그의 보좌를 두르고 있었다.

24개의 보좌들이 그를 둘러쌌다.

보좌 앞에는 7개의 횃불이
타고 있었다.

요한계시록 4:6-8

생물들이 보좌에 앉으신 분(영원히 살아 계신 분)께 영광과 존귀와 감사를 드릴 때마다 24명의 장로들이 엎드려 보좌에 앉으신 분(영원히 살아 계신 분)을 경배했다.

그때 일찍이 죽임을 당한 것 같은 어린 양을 보았다.
그러나 지금 그는 보좌와 네 생물과 24명의 장로들 사이에 서 있었다.

그는 7개의 뿔과 7개의 눈을 갖고 있었다.
그것은 땅의 모든 부분으로 보냄을 받은
하나님의 일곱 영을 나타냈다.

또 내가 새 하늘과 새 땅을 보았으니,
처음 하늘과 처음 땅은 없어졌기 때문이다. 바다도 사라졌다.

그리고 거룩한 성, 새 예루살렘이 하나님으로부터 하늘에서 내려오는 것을
보았는데, 마치 남편을 위해 아름답게 단장한 신부 같았다.

나는 보좌에서 큰 소리를 들었다. "보라, 하나님의 집이
그의 백성들 가운데 있다! 하나님은 그들과 함께 사실 것이며,
그들은 하나님의 백성이 될 것이다. 하나님은 친히 그들과 함께하실 것이다.

그들의 눈에서 모든 눈물을 닦아주실 것이며, 다시는 사망이나 슬픔이나
울부짖음이나 고통이 없을 것이다. 이러한 것들은 모두 영원히 사라졌다."

그리고 보좌에 앉으신 이가 말씀하셨다.
"보라, 내가 만물을 새롭게 한다!" 그다음에 나에게 말씀하셨다.
"내가 너에게 하는 말은 믿을 만하고 참되니 이것을 기록하여라."

요한계시록 21:1-8

그는 또한 이렇게 말씀하셨다.
"다 이루었다! 나는 알파와 오메가, 곧 처음이며 마지막이다.
목마른 사람들에게는 내가 생명수 샘물을 거저 마시게 해줄 것이다.

이기는 사람들은 이 모든 복들을 상속받을 것이다.
나는 그들의 하나님이 되고 그들은 내 자녀들이 될 것이다.

그러나 비겁한 자들과 믿지 않는 자들, 부패한 자들, 살인자들,
부도덕한 자들, 마술을 행하는 자들과 우상숭배자들, 거짓말하는 모든 자들은
불과 유황이 타오르는 못에 던져질 것이다. 이것이 둘째 사망이다."

그 성벽은 넓고 높았으며, 열두 천사가 열두 문을 지키고 있었다.
그 문들에는 이스라엘 열두 지파의 이름이 쓰여 있었다. 성벽에는 열두 개의
기초석이 있었는데, 그 위에는 어린 양의 열두 사도들의 이름이 쓰여 있었다.

나에게 말한 천사는 그 성과 문들과 성벽을 측량하기 위해
금으로 된 자를 손에 들고 있었다.

그가 성벽을 재어보니 두께가 약 65미터였다.

성벽은 벽옥으로 만들어졌고,
성은 정금인데 맑은 유리 같았다.

성벽의 기초석에는 열두 개의 보석들이 박혀 있었다. 벽옥, 남보석, 옥수, 녹보석,
홍마노, 홍보석, 황옥, 녹옥, 담황옥, 비취옥, 청옥, 자수정. 열두 문은 진주로
만들어졌으니, 각 문이 하나의 진주로 되어 있었다!

나는 성 안에서 성전을 보지 못했다.
전능하신 주 하나님과 어린 양이 그 성전이시기 때문이다.

또 그 성은 해나 달이 필요치 않다.
하나님의 영광이 성을 비추며, 어린 양이 그 성의 등불이시기 때문이다.

민족들이 그 빛 가운데로 다닐 것이며,
세상의 왕들이 모든 영광 속에서 그 성으로 들어갈 것이다.

요한계시록 21:22-27

그곳에는 밤이 없으니 성문들이
절대 닫히지 않을 것이다.

악한 것들은 들어가지 못할 것이며, 부끄러운 우상숭배와
부정직한 일을 행하는 사람도 들어가지 못할 것이다.

오직 어린 양의 생명책에 그 이름이
기록된 자들만 들어갈 수 있을 것이다.

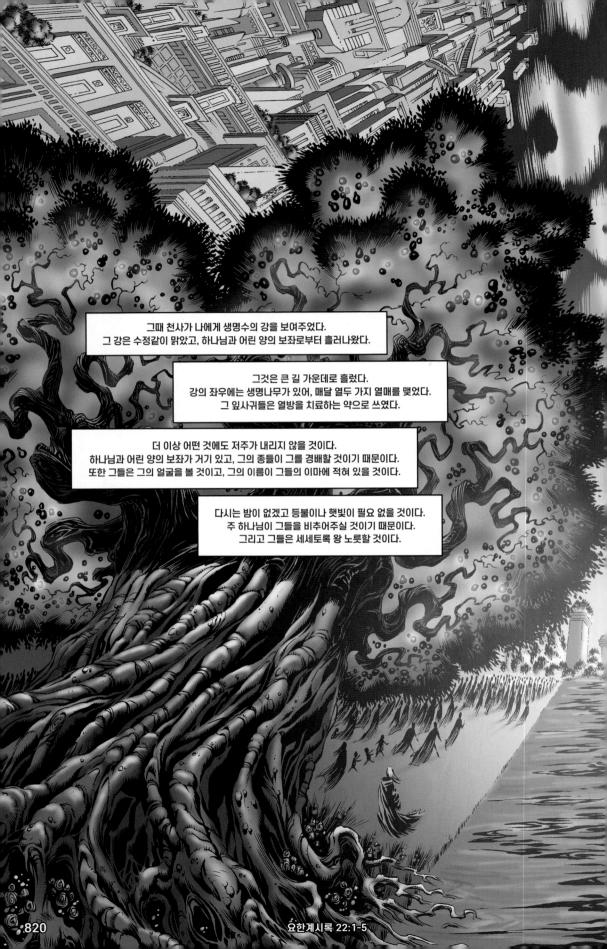

그때 천사가 나에게 생명수의 강을 보여주었다.
그 강은 수정같이 맑았고, 하나님과 어린 양의 보좌로부터 흘러나왔다.

그것은 큰 길 가운데로 흘렀다.
강의 좌우에는 생명나무가 있어, 매달 열두 가지 열매를 맺었다.
그 잎사귀들은 열방을 치료하는 약으로 쓰였다.

더 이상 어떤 것에도 저주가 내리지 않을 것이다.
하나님과 어린 양의 보좌가 거기 있고, 그의 종들이 그를 경배할 것이기 때문이다.
또한 그들은 그의 얼굴을 볼 것이고, 그의 이름이 그들의 이마에 적혀 있을 것이다.

다시는 밤이 없겠고 등불이나 햇빛이 필요 없을 것이다.
주 하나님이 그들을 비추어주실 것이기 때문이다.
그리고 그들은 세세토록 왕 노릇할 것이다.

821

네가 듣고 본 모든 것은 신실하고 참된 것이다.

선지자들에게 영감을 불어넣으시는 주 하나님이 그의 종들에게 곧 일어날 일을 말해주려고 그의 천사를 보내셨다.

아니, 나에게 경배하지 말아라. 나는 너와 네 형제 선지자들과 또 이 책에 기록된 것에 순종하는 모든 이들과 같이, 하나님의 종이다.

오직 하나님께 경배하여라!

해를 끼치는 자는 계속 해를 끼치게 하고, 부도덕한 사람은 계속 부도덕하게 두어라.

의로운 사람은 계속 의롭게 살게 하고, 거룩한 사람은 계속 거룩하게 두어라.

나는 이것들을 듣고 보았을 때 내게 그것들을 보여준 천사의 발 앞에 경배하려고 엎드렸다.

요한계시록 22:6,8-11

요한계시록 22:12-17

823

요한계시록 22:18-21